허준의 쉽게 따라하는

SPSS Sample Power를 이용한
최적 표본크기 산출

허준 지음

허준의 쉽게 따라하는
SPSS Sample Power를 이용한 최적 표본크기 산출

지은이 | 허준
펴낸이 | 한기철

2013년 8월 10일 1판 1쇄 박음
2013년 8월 20일 1판 1쇄 펴냄

펴낸곳 | 한나래출판사
등록 | 1991. 2. 25 제22-80호
주소 | 서울시 마포구 월드컵로3길 39(합정동 388-28) 합정빌딩 2층
전화 | 02-738-5637 · 팩스 | 02-363-5637 · e-mail | hannarae91@naver.com
www.hannarae.net

ⓒ 2013 허준
published by Hannarae Publishing Co.
Printed in Seoul

ISBN 978-89-5566-149-1 93310

최적의 표본크기를
구하는 쉬운 방법,
SPSS Sample Power

통계분석 소프트웨어인 SPSS는 SAS나 근래 많이 사용하는 R과 함께 관심 있는 분이라면 누구나 잘 알고 있는 대중적인 통계분석 프로그램입니다. SPSS와 같은 소프트웨어를 이용하여 다양한 회귀분석, ANOVA, 생존분석 등을 수행하기 위해서 가장 선행되어야 하는 것은 바로 통계분석을 수행하기 위한 데이터를 수집하는 것입니다.

데이터를 수집할 때 조사 대상이나 연구 대상의 전체 데이터를 모두 가지고 통계분석을 하면 좋겠지만 현실적으로 그것은 매우 어려운 일입니다. 실제 연구에서는 전체 집단이 아닌 전체를 대표할 수 있는 표본(Sample) 집단을 뽑고, 이들을 대상으로 조사하여 데이터를 수집해야 합니다. 이때 발생하는 문제가 바로 "몇 개의 표본을 뽑아야 하는가?"라는 문제입니다. 사실 통계학에는 표본론이라는 특정 분야가 있을 정도로, 몇 개의 표본이 해당 연구에서 가장 적합하고 최적인가의 문제는 매우 민감한 문제입니다. 단순히 이론적인 것을 떠나 실제적으로 표본을 조사한다는 것은 바로 시간(time)과 비용(cost)의 문제와 직결되는 것이기 때문에 더욱 그렇습니다.

표본의 크기를 계산할 때, 통계학의 검정력(Power)을 이용하여 연구자(또는 분석자)들이 최적의 표본크기를 계산할 수 있는 방법이 있으며, 이 계산을 편리하게 해주는 소프트웨어가 바로 IBM SPSS에서 개발한 SPSS Sample Power라는 프로그램입니다.

이 책은 연구자들이 최적의 표본크기를 계산할 때, 간단한 이론적 배경과 실제 적용 (계산) 방법을 IBM SPSS Sample Power를 이용하여, 예제를 통해서 최대한 쉽게 배울 수 있도록 만든 책입니다. 이 책의 특징은 다음과 같습니다.

첫째, 검정력을 이용한 표본크기를 산정하는 데 있어 초보자들을 위해서, 최대한 수식을 배제하고 개념 중심으로 서술하였습니다.

둘째, 연구자가 최적 표본크기를 계산할 수 있도록 예제와 실제 SPSS Sample Power를 이용한 풀이 중심으로 구성하였습니다.

셋째, 본 제품 사용의 주 분야가 의학/보건학 계열과 교육학 분야가 많아서 이에 대한 예제를 중심으로 구성하였습니다. 그러나 타 분야의 연구자들도 쉽게 자신의 분야에 적용할 수 있도록 그림 중심으로 도식화하여 서술하였습니다.

사실, 이 책을 만들면서 이 책이 과연 여러 다양한 분야의 연구자분들에게 도움이 되는 것인지, 아니면 일부 몇몇 연구자분들만의 문제로 끝날 것인지에 대해 많은 고민을 했습니다. 또한 시중에 관련된 서적이 거의 부재하여, 참조 및 비교가 될 만한 자료도 없어서 출간에 고심을 많이 하기도 했습니다. 하지만 최적 표본추출이 올바른 연구의 시작이 될 수 있다는 신념하에 이 책을 출간하게 되었습니다. 조금은 부족하고 미진한 책이지만 이것이 시발점이 되어 훌륭하신 교수님이나 연구자분들의 후속 서적 발간에 디딤돌이 되길 바랍니다.

이렇게 상업적인 확신이 없는 책을 만드는 데 아주 흔쾌히 출간을 결정해주시고, 제 쓸데없는 고집을 잘 받아주신 한나래출판사의 한기철 사장님과 조광재 이사님, 어려운 원고를 보기 좋게 편집해주신 편집자님께 깊은 감사를 드립니다. 그리고 그 누구보다도 이 책의 주요한 뼈대를 잡아주신 고려대학교 통계학과의 허명회 교수님께 깊은 감사를 드립니다. 또한 이 책이 나오도록 항상 응원해주신 SPSS Korea 데이타솔루션의 정진섭 회장님과 중앙대학교 이용구 총장님, 한양대학교 경영학과의 김종우 교수님께 감사를 드리며, 아울러 SPSS Korea 데이타솔루션의 정성원 이사님과 장혁수 이사님을 비롯한 여러 임직원 여러분께서도 도움을 많이 주셨는데, 이 지면을 빌려 감사를 드립니다.

마지막으로 늘 격려해주시는 저의 아버지와 가족들께도 감사를 드리며, 무엇보다 제 아내 오은교에게 감사의 말을 전합니다.

2013년 양재동에서 허준 드림

1장

표본크기와
SPSS Sample Power 개요

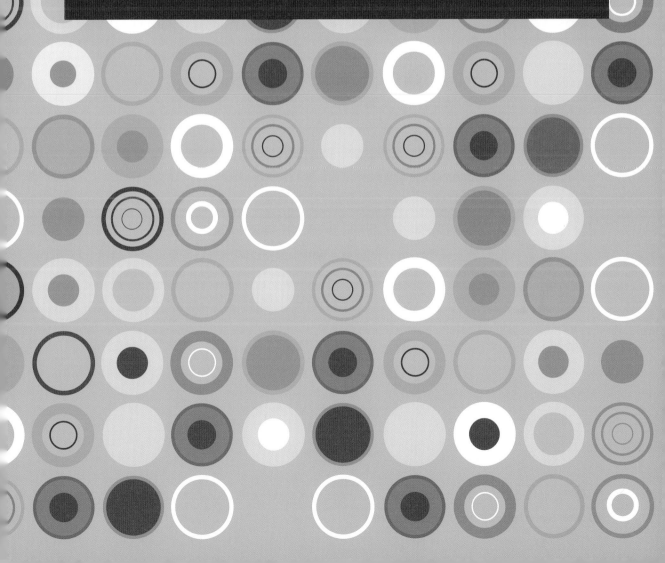

01 표본크기

1 표본의 수… 진정 크면 클수록 좋은가?

표본의 문제 ▶ "당신의 실험(조사)은 표본수가 많지 않아서 신뢰할 수 없습니다."

"고작 ○○개의 표본으로 실험(조사)한 자료를 가지고 일반화하는 것은 문제가 있다고 봅니다. 과연 대표성을 가집니까?"

"표본이 아무리 많아도 표본이지… 전체는 아니잖아!"

"적당한 표본수만 있었더라도 좀 더 의미 있는 결과였을 텐데… 아쉽네요."

표본의 수 ▶ 그것은 양날의 검!

실제, 몇 개의 표본을 뽑아야 좋은가의 문제는 아주 간단한 해답이 있다.

➞ 많으면 많을 수록 좋다.(모집단에 근사할수록 좋다.)

➞ The Bigger, The Better

그러나 실제로 표본을 많이 구하는 데는 실질적인 비용의 문제(가장 큰 문제)와 시간의 문제가 발생한다.

> 따라서 표본의 수는 많지도 적지도 않은 "적정한(적절한)" 수를 추출하는 것이 좋다. 물론 비용과 시간이 매우 많아서 표본크기가 크면 더욱 좋고…….

02 일반적인 표본의 크기 결정 문제

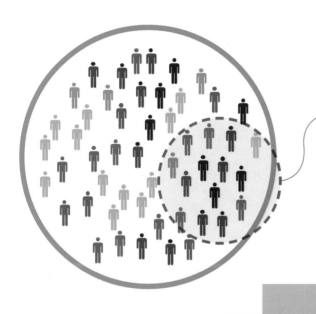

이용 가능한 예산, 각종 비용, 시간적인 제약하에서, 특정한 정확도나 오차율, 여러 조건(ex: 모집단의 크기, 추정량, 응답률 등)에 맞추는 크기의 표본을 추출하는 것이 표본크기 결정의 가장 큰 목적이다.

2가지의 표본크기 결정 기준(방법)

- 전체 모집단으로부터 적절한 조사 추정치를 얻어내기 위해서, 인정할 수 있는 적정 오차율하에서의 표본크기 결정 기준(방법).
- 주요 통계기법(T-검정, ANOVA, 회귀분석 등)에서 적절한 유의성을 보장받기 위해서, 검정력의 기준에 의하여 표본크기 결정 기준(방법).

03 모집단을 대표하는 적절한 표본크기 결정 방법

각종 정부/공공기관의 여론조사, 일반 리서치(Research) 기관의 사회조사(마케팅 조사 포함) 등에서, 전체 국민 또는 특정 모집단 그룹(예를 들어 우리나라 여대생 집단 등)을 대상으로, 이들 모집단을 대표할 수 있는 표본을 추출하는 방법을 의미한다.

일반적으로 다음의 4단계 프로세스에 의하여 적절한 표본의 크기를 결정한다.

1 신뢰수준, 표준오차 등을 이용한 초기 표본크기 설정

$$n = \frac{z^2 \hat{S}^2}{e^2 + \dfrac{z^2 \hat{S}^2}{N}}$$

"n"이 바로 적절한 표본크기값을 의미한다고 할 수 있다.

– 오차의 한계값: e

– 신뢰수준: z (보통 정규분포의 신뢰수준 95%인 1.96 값을 사용)

– 모집단의 크기: N

– 모집단의 변동 크기: $\hat{S}^2$

여기서 모집단 변동의 크기를 비율로 바꾸면 (여기서 $\hat{P}$은 0.5일 때 가장 많은 표본이 뽑힌다.) $\hat{S}^2 = \hat{P}(1-\hat{P})$라고 할 수 있고, 이때 n은 다음과 같다.

$$n = \frac{z^2 \hat{P}(1-\hat{P})}{e^2 + \dfrac{z^2 \hat{P}(1-\hat{P})}{N}}$$

최종적으로 초기 표본크기를 위한 수정계수 공식에서 $(1-n)/N$을 무시하고 정리하면 다음과 같다.

$$n_1 = \frac{z^2 \hat{P}(1-\hat{P})}{e^2} \quad \text{(단, } n_1 \text{은 초기 표본크기값)}$$

2 모집단 크기에 따른 조정 작업

$$n_2 = n_1 \frac{N}{N + n_1}$$

여기서 n_2는 모집단 크기에 따른 조정 작업을 수행한 표본크기값을 의미하며, N은 모집단의 크기, n_1은 초기 표본크기를 의미한다. 실제 모집단의 크기가 작거나 보통인 경우에만 사용하며, 전체 국민처럼 모집단이 클 때는 본 단계가 의미가 없다. ➡ N이 크면 n_1이 더해진 값과 거의 차이가 없어 $\frac{N}{N + n_1} = 1$에 가까워지기 때문이다.

3 표본설계에 따른 표본크기의 가중치 설정

$$n_3 = deff \times n_2$$

- 일반적으로 단순 무작위 표본추출일 때, $deff$ 값은 1
- 층화표본추출인 경우에는 $deff < 1$(1보다 작은 가중치)
- 집락(군집)표본추출인 경우에는 $deff > 1$(1보다 큰 가중치)을 사용한다.

4 (기대) 응답률에 대한 조정 후 최종 표본크기 산정

$$n = \frac{n_3}{r}$$

- n은 최종 표본크기값, r은 기대 응답률($0 < r < 1$)을 의미한다.
- 기대 응답률은 과거 선행 사례와 각종 선행 조사 등을 통해서 정의한다.

※ 참조: 통계교육원 교육 자료

예제

간단한 예제를 풀어보자!

SPSS Korea에서 고객들의 제품 만족도를 파악하고자 한다. 우편조사를 통해서는 보통 2,500명까지 조사가 가능하지만, 급박하게 결과를 추출해야 하는 시간적 제약으로 인하여 전화 조사를 수행하고자 한다. 방법은 단순임의추출(SRS: Simple Random Sampling) 방법을 이용하고, 오차의 한계(e)는 0.1 그리고 95%의 신뢰수준하에서 최대한 요건을 충족하는 많은 수의 표본을 뽑고 싶다. 일반적인 전화 응답률이 65%로 알려져 있다면 몇 명을 뽑아야 기준을 만족하는가?

풀이

기본 가정

1. 모집단의 크기: 2,500명(우편조사 대상자 중 추출하므로)

2. 단순임의추출: $deff = 1$

3. 오차의 한계(e): 0.1

4. 신뢰수준 95%: $z \fallingdotseq 1.96$

5. 최대한 요건을 충족하는 많은 수의 표본을 뽑고 싶다: $P = 0.5$

6. 응답률(r): 0.65

위의 정보를 기반으로 적절한 표본수를 계산하여 본다!

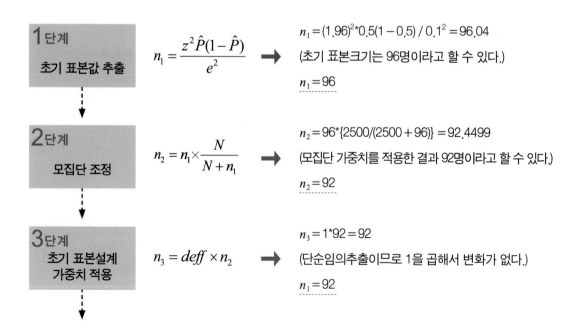

1단계 초기 표본값 추출

$$n_1 = \frac{z^2 \hat{P}(1-\hat{P})}{e^2}$$

→ $n_1 = (1.96)^2 * 0.5(1-0.5) / 0.1^2 = 96.04$
(초기 표본크기는 96명이라고 할 수 있다.)
$n_1 = 96$

2단계 모집단 조정

$$n_2 = n_1 \times \frac{N}{N + n_1}$$

→ $n_2 = 96 * \{2500/(2500 + 96)\} = 92.4499$
(모집단 가중치를 적용한 결과 92명이라고 할 수 있다.)
$n_2 = 92$

3단계 초기 표본설계 가중치 적용

$$n_3 = deff \times n_2$$

→ $n_3 = 1 * 92 = 92$
(단순임의추출이므로 1을 곱해서 변화가 없다.)
$n_1 = 92$

| **4**단계
최종 기대 응답률
적용 | $n = \dfrac{n_3}{r}$ | ⟶ | $n = 92/0.65 = 141.5385$ (반올림을 한다.)
$n = 142$
⟶ 최종 142명을 임의 추출하여 전화 조사를 한다. |

위와 같은 방법으로 하는 가장 중요한 목적은 일정한 오차율을 감수하고, 동시에 신뢰수준을 가지고 모집단을 대표할 수 있는 적절한 표본크기를 산정하는 것이 목적이다. 즉, 모집단을 전수 조사할 수 없기 때문에, 분석자가 지정한(용인이 가능한) 오류 수준하의 적절한 표본크기를 추출하고, 궁극적으로 각종 설문의 결과 빈도 및 퍼센트(%)가 모집단과 유사한 것을 목표로 한다. 즉, "당신은 이 제품을 좋아하십니까?"라는 문항에 대해서, 모집단에서 "좋다"라는 의견이 85%라면, 표본크기 산정을 통해서 나온 표본집단에 대해서 동일한 설문 결과 또한 "좋다"라는 의견이 85% 가까이 나오도록 하는 것이 목적임을 의미한다.

그러나 위와 같은 방법은 일반 리서치(Research) 회사의 사회조사 및 여론조사 또는 통계청의 각종 대국민 조사, 그리고 기업의 마케팅 조사 등에서는 매우 유용한 표본크기 결정 방법이지만, 의학/보건학/간호학이나 특정한 연구의 사회과학(교육, 심리, 사회학, 사회복지 등)에서는 적절한 통계적 기법(t-검정, 회귀분석 등)이 사용된다는 전제하에서 해당 기법이 어느 정도 실효성을 가질 수 있는 적절한 표본크기를 찾는 표본추출 방법이 필요할 때가 더 많다.

※ 참조: 통계교육원 교육 자료

04 | 통계기법의 유의성 확보를 위한 표본크기 산출 방법

● 표본크기를 산출하는 2가지 방법

모집단으로부터 표본크기의 유의성을 확보하는 방법으로 분석자가 직접 (상식적이고, 이미 실증적으로 검증된) 최소 오차율과 신뢰수준에 맞추어 표본의 크기를 산정하는 방법
→ 사회조사, 여론조사, 대국민 조사 등에서 주로 활용

특정 통계분석 기법에서 분석자가 원하는 수준의 검정력(Power)을 가질 수 있는 정도의 표본크기를 산정하는 방법
→ 의학/보건학/간호학/사회학/교육학 등의 통계를 이용한 연구 논문 작성에서 주로 활용

- 추출된 표본을 통해서 주로 기술통계를 많이 활용한다.(예를 들어 빈도, %, 단순평균 등)

- 추출된 표본을 통해서 주로 추정통계를 많이 활용한다.(예를 들어 t-검정, ANOVA, 회귀분석, 생존 분석 등)

● 통계기법의 유의성 확보를 위한 표본크기 산출 방법과 SPSS Sample Power

위에서 언급한 모집단으로부터 표본크기의 유의성을 정의하여 표본크기를 확정하는 방법은 사실 거의 정형적이고, (초보자가 아닌) 일반 통계분석자들에게는 그리 어려운 방법은 아니다. → 특히 리서치(Research) 회사에서는 거의 기계적으로 표본크기를 뽑아낸다.

SPSS Sample Power는 모집단으로부터 적절한 오차, 신뢰수준을 감안한 방법이 아닌, 바로 특정 기법에서 적절한 검정력을 가질 수 있는 표본크기를 추출해내는 방법을 가지고 있는 전문 소프트웨어이다. → 일반적으로 연구 논문 및 임상 시험, 각종 심리/사회과학 실험 등을 위한 표본크기 산출 방법이다.

1 표본크기와 정확도의 관계

● 일반적으로 표본크기가 크면… 표본크기와 정확도

- 모집단 평균 μ에 대한 신뢰구간은 다음과 같이 정의가 된다.
  1) 표준편차 σ가 알려지고(알고 있고),
  2) 유의수준이 $\alpha = 0.05$ 즉, 95% 신뢰수준에서

$$\mu \in (\bar{x} - 1.96\sigma/\sqrt{n}, \ \bar{x} + 1.96\sigma/\sqrt{n})$$

따라서 위의 식에서 오차한계 E는 다음과 같이 근사하여 계산할 수 있다.

$$E \simeq 2\sigma/\sqrt{n}$$

- 위의 식을 보면 n이 커지면 오차한계(E)는 점점 작아지는 것을 알 수 있다.
  ex) 예를 들어 위의 식에서 $\sigma = 0.5$라고 알려졌을 때, $n = 500$이면 0.04471이고, $n = 1000$이면 0.03162가 되어 점점 작아지는 것을 알 수 있다.

- 이것은 표본크기를 의미하는 n이 크면 클수록 오차한계가 줄고, 신뢰구간의 폭도 줄어드는 것을 의미한다.(이것을 "precision(정도, 정확도)"이 높아진다고 통계적으로 표현한다.)

- 이것을 역으로 생각하여, 만약 오차한계 E를 특정한 값 δ(Delta: 예를 들어 0.01이라든지) 이하로 나오게 하기 위한 표본크기 n은 얼마일까를 양측검정 기준에서 검정을 한다면, 다음과 같이 할 수 있다.

$$4\sigma/\sqrt{n} \le \delta \ \rightarrow \ n \ge 4\sigma^2/\delta^2$$

- 위의 식에서 표준편차(σ)가 0.5이고, $\delta = 0.01$이라면, n은 10,000개 이상이 필요하게 된다.

※ 참조: 제35차 SPSS Korea 오픈하우스, "SPSS Sample Power 표본크기와 검정력", 허명회 교수(고려대).

앞의 얘기를 정리하면…

- 표본크기 또는 표본의 수 n이라는 것이 커지면…
→ 신뢰구간이 좁아지고, 오차한계가 줄어들며, 정확도가 높아진다.

- 그리고 만약 분석자가 원하는 수준의 오차한계(신뢰구간)가 있다면?
→ 그것을 만족시키기 위한 적정한 표본크기(표본수) n을 구할 수 있다!

2 가설검정에서 표본크기

● 일반적인 연구에서의 가설검정

- 모집단 평균 μ에 대한 가설검정에서 귀무가설과 대립가설(일반적으로 대립가설이 연구자가 주장하고자 하는 가설인 경우)이 다음과 같다고 정의한다.
  1) 표준편차 σ가 알려지고(알고 있고),
  2) 유의수준이 $\alpha = 0.05$, 즉 95% 신뢰수순에서

  $H_0: \mu = 0$
  $H_1: \mu > 0$
  - 귀무가설은 "평균 μ가 0이다."이고, 대립가설은 "μ가 0보다 크다."라는 가설을 의미한다.
  - 단측검정을 수행하며, 정규분포를 따른다고 가정한다.

- 위와 같은 가설에서, 가설의 입증을 위한 검정통계량이 아래와 같고, 표본평균 $\bar{x}$가 있을 때,

  $\bar{x} \geq 1.645\sigma/\sqrt{n}$ 이면, H_0 기각(일반적으로 연구가설의 입증)

  $\bar{x} < 1.645\sigma/\sqrt{n}$ 이면, H_0 채택(일반적으로 연구가설의 부정 → 연구자의 실망)

  (단, σ는 표준편차, n은 표본크기)

위의 검정통계량을 보면 n이 커질수록 $\bar{x}$의 임계값인 $1.645\sigma/\sqrt{n}$이 작아진다. 따라서 $\mu > 0$인 경우, n이 충분히 크면 기각될 수밖에 없다. 또한 역설적으로 실제로 $\mu > 0$임에도 n이 작으면 H_0가 채택될 수도 있다는 것을 의미한다.

※ 참조: 제35차 SPSS Korea 오픈하우스, "SPSS Sample Power 표본크기와 검정력", 허명회 교수(고려대).

앞의 얘기를 정리하면…

- 일반적인 가설검정에 있어서, 연구자들이 일반적으로 싫어하는 현상인 귀무가설(H_0)을 선택하고, 대립가설(H_1)을 기각한다는 것은
→ 대립가설(H_1)이 틀렸다는 것이 아니라, 어떻게 보면 표본의 크기가 충분하지 않았다고도 할 수 있다.

결론적으로 말하면…

우리가 수행하는 수많은 통계적 검정들(t-검정, ANOVA, 회귀분석의 계수값 유의성 검정, χ^2-검정… 등등)은 실제 검정 차이가 아닌, 표본크기(표본수)에 의하여 그 결과가 달라질 수도 있다.(기각과 채택이 변경될 수 있다.)
→ 잘 모르는 사람들에겐 충격일 수 있다.

그러나 바로 이런 특성으로 인하여 적정한 의미를 가지는 표본크기가 몇 개인지 즉, 각종 검정과 분석에 가장 필요한 표본크기를 어떻게 산출해낼 수 있는지에 대한 실마리를 제공하기도 한다!

 잠깐 **통계적 검정에서 제1종 오류와 제2종 오류**

진실 가설 선택	귀무가설(H_0) 진실	대립가설(H_1) 진실
귀무가설(H_0) 선택	옳은 결정 신뢰수준($1-\alpha$)	제2종 오류 (β)
대립가설(H_1) 선택	제1종 오류 유의수준(α)	**옳은 결정** **검정력($1-\beta$)**

제1종 오류(α): H_0가 참인데, H_1으로 잘못 선택하는 오류 (H_0를 기각하는 오류)
　　　　　　　유의수준이라고도 함.(보통 $\alpha=0.05$를 기준으로 많이 삼음.)
제2종 오류(β): H_1이 참인데, H_0로 잘못 선택하는 오류 (H_1을 기각하는 오류)

위의 표에서 볼 때, 대립가설이 진실일 때 대립가설을 선택하는 확률, 그것이 바로 검정력(Power)이다.

3 검정력과 표본크기

3.1 검정력(Power)과 표본크기

일반적으로 가설검정에 있어서 표본크기 n은 검정통계량 계산식 내에 포함되어 있다.

만약 표본크기를 결정하는 기준이 필요하다면,

특정 "검정력(Power; $1-\beta$)"을 만족하는 수준을 기준으로 표본크기를 결정하자!

왜 검정력을 기준으로 하는가?

- 검정력의 의미는 연구자의 가설이 입증될 가능성을 의미하여, 기준의 의미론/정의성 부분에서 부합된다.
- 검정력은 표본크기를 결정하는 각종 유의수준, 효과크기 등과 정확한 비례/반비례의 관계를 가지고 있다. 각종 연산 등에서 유리하다.

3.2 검정력을 결정하는 3가지 요소

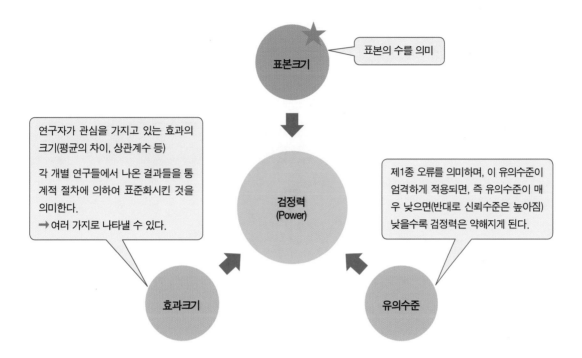

표본크기 — 표본의 수를 의미

연구자가 관심을 가지고 있는 효과의 크기(평균의 차이, 상관계수 등)

각 개별 연구들에서 나온 결과들을 통계적 절차에 의하여 표준화시킨 것을 의미한다.
→ 여러 가지로 나타낼 수 있다.

검정력 (Power)

제1종 오류를 의미하며, 이 유의수준이 엄격하게 적용되면, 즉 유의수준이 매우 낮으면(반대로 신뢰수준은 높아짐) 낮을수록 검정력은 약해지게 된다.

효과크기

유의수준

다시 말해, 이들 4개의 조합에 의거하여 이들 중 3개에 대한 값을 알거나 또는 사전에 정의가 되면, 다른 나머지 1개를 계산해낼 수 있다.

→ 일반적으로 "표본크기"가 가장 큰 계산의 대상이다.

3.3 검정력과 유의수준

가설 선택 \ 진실	귀무가설(H_0) 진실	대립가설(H_1) 진실
귀무가설(H_0) 선택	옳은 결정 신뢰수준($1-\alpha$)	제2종 오류 (β)
대립가설(H_1) 선택	제1종 오류 유의수준(α)	**옳은 결정** **검정력($1-\beta$)**

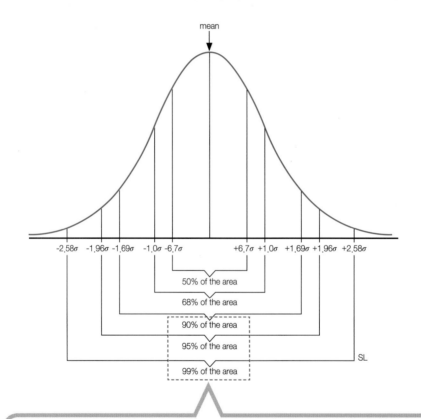

제1종 오류인 유의수준 $\alpha = 0.05$인 경우와 $\alpha = 0.01$를 비교해보자.

유의수준이 0.05에서 0.01로 줄어들었을 경우(반대로 신뢰수준은 95% → 99%로 증가했을 경우), 귀무가설이 진실일 때 대립가설을 선택할 가능성이 줄어든다. 즉, 귀무가설을 선택할 가능성이 높아지고, 이는 궁극적으로 어떤 경우에서라도 대립가설을 기각할 가능성을 높여서 검정력을 낮추는 효과가 발생한다!

결론적으로 신뢰수준이 높아지면, 검정력은 낮아질 수 있다!

4 검정력과 효과크기

4.1 검정력과 효과크기

$\bar{x}$를 표본평균, σ를 표준편차, n을 표본크기라 할 때,

$\bar{x} \geq 1.645\sigma/\sqrt{n}$이면, H_0 기각

$\bar{x} < 1.645\sigma/\sqrt{n}$이면, H_0 채택

> 이 수식에서 검정력 함수와 표본크기 사이에 관련이 있음을 알 수 있다. → 표본크기 n이 커지면 H_1 채택 가능성이 높아진다.

- 검정력(Power): Prob $\{Reject\ H_0 \mid \mu\}$ $(= \pi(\mu))$

> 평균 μ가 주어졌을 때 귀무가설(H_0)을 기각할 확률 → 통계학적으로 검정력의 정의

- 앞의 예에서, $\pi(\mu) = P\{\bar{x} \geq 1.645\sigma/\sqrt{n} \mid \mu\}$

$\qquad = P\{Z \geq 1.645 - \sqrt{n}\mu/\sigma\}$ (단, $Z \sim N(0,1)$

$\qquad$ 또한 $\mu = 0$이면, $\pi(0) = 0.05$ (유의수준이 된다.)

- 만약 $n = 16$, $\sigma = 1$이고, $\mu = 0.25$이면, 검정력(Power)은 $P\{Z \geq 0.645\} = 0.259$　--- ①
- 만약 $n = 16$, $\sigma = 1$이고, $\mu = 0.50$이면, 검정력(Power)은 $P\{Z \geq -0.355\} = 0.639$　--- ②

→ 동일한 n수(16개)를 가졌는데, 검정력은 차이가 많이 난다.(②번의 경우가 훨씬 좋다.)

→ 검정력은 표본크기 이외에 다른 것에도 영향을 받는다. 그게 무엇일까? → 효과크기이다.

→ 대다수의 경우에서 검정력(Power)은 표본크기(Sample size)와 효과크기(Effect size)에 따라 결정이 된다.

> 표본크기 이외에 검정력에 영향을 주는 모수의 효과는 바로 **"효과크기"**라는 것이다. 위의 수식에서 효과크기는 $\mu/\sigma(= \delta)$이다.

※ 참조: 제35차 SPSS Korea 오픈하우스, "SPSS Sample Power 표본크기와 검정력", 허명회 교수(고려대).

4.2 효과크기(Effect size)란 무엇인가?

| 통계적 유의성
vs.
실제적 유의성 | ▶ | • 통계적 유의성은 연구자가 통계적 검정 또는 유의성을 파악하고자 할 때, 해당되는 검정통계량을 이용하여 통계량을 계산하고, 이 통계량이 나타날 수 있는 확률이 특정 기준의 유의수준(예를 들어, $\alpha = 0.05$)을 넘어서는지 아닌지를 통해서, 최종적으로 유의함을 확인하는 방법이다. |

• 실제적 유의성이란 단순히 통계적 검정값과 유의확률값에 의존하는 것이 아니라 실제 연구 상황에서 연구자가 얻은 표본의 평균, 그룹 간의 차이값, 상관계수 등을 이용하여 실제 유의함을 파악하는 방법이다.

실제적 유의성을 파악하기 위한 목적을 가지기 위해서 소위 "효과크기"라는 것을 사용하기 시작하였다.

| 효과크기
(Effect size) | ▶ | • 효과크기라는 것은 변수 간의 강도, 연관성, 차이 등의 값을 표준화시킨 값을 의미한다. |

• 예를 들어 어떤 자동차 엔진 첨가제를 넣으면, 리터당 주행거리가 2km 더 갈 수 있다고 한다면, 효과크기는 바로 2km이다.(이 경우를 비표준화 효과크기라고 할 수 있다.) 그러나 차량의 무게, 배기량, 연식, 종류에 따라서 어떤 차는 1km를 더 가서 3km를 가고, 어떤 차는 전혀 효과를 보지 못한다면 단순히 2km라는 것보다는 표준편차 등을 나누어준 지표가 더 의미 있을 수 있다. 이것이 바로 일반적으로 쓰는 (표준화된) 효과크기(Effect size)이다.

● 대표적인 효과크기의 계산 방법

1) 두 집단 간의 평균차를 검정하기 위한 t-검정의 경우

→ (Cohen's)d = (집단1 평균 − 집단2 평균) / 표준편차

→ 평균과 표준편차를 이용한 다양한 효과크기를 검정하는 것을 d로 표현

→ $d = \dfrac{|X_1 - X_2|}{\sigma}$

2) K개의 독립평균에 대한 f-검정(ANOVA)의 경우

→ SS_{Effect}를 집단 간 변동(Treatment sum of Squares), SS_{Total}을 전체 변동(Total sum of Squares)이라고 할 때,

$\eta^2 = \dfrac{SS_{Effect}}{SS_{Total}}$

3) 다중 회귀분석의 선형성 검정과 같은 F-통계량을 사용하는 경우

→ F통계량 자체 또는 $F^2(F^2 = R^2/1 - R^2$, 단 R^2은 다중 상관값을 의미)

→ 즉, $f^2 = \dfrac{R^2}{1 - R^2}$

4) 상관계수의 경우

→ 상관계수(ρ)는 그 자체가 바로 효과크기이다.

→ ρ(단, $-1 \le \rho \le 1, \rho \neq 0$)

5) 2개의 비율차에 대한 검정의 경우

→ Φ_1을 1집단의 비율, Φ_2를 2집단의 비율이라고 할 때,

→ $\Phi_i = 2\,arscine\sqrt{P_i}$

$h = |\Phi_1 - \Phi_2|$

Pearson의 상관계수인 r이나 Odds-ratio(로지스틱 회귀), relative risk 등도 효과크기이다. 결론적으로 효과크기를 계산하는 방법은 통계적 방법과 각종 모수들의 종류에 따라 굉장히 많을 수 있다.

※ 참조: 간호학 연구에서의 표본크기 결정방법에 대한 고찰, 이재원 외, 여성간호학회지, 1998.

다양한 통계적 기법 상황에서의 효과크기 계산을 인터넷에서 누구나 할 수 있도록
되어 있다. 효과크기의 정확한 개념을 파악하기 위해 활용해 보도록 한다.

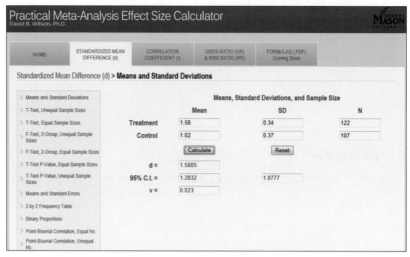

웹사이트 주소: http://gunston.gmu.edu/cebcp/EffectSizeCalculator/d/d.html

5 검정력, 효과크기 그리고 표본크기

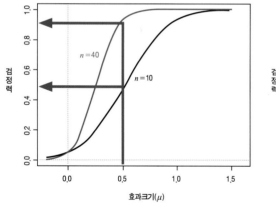

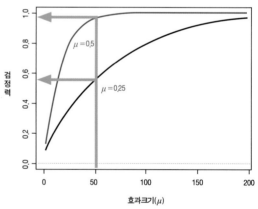

검정력과 효과크기의 그래프에서, 같은 효과크기(μ) 내에서 표본의 크기(n)가 크면 클수
록 검정력은 높아진다.(위의 좌측 그래프에서 $n=10$일 때와 $n=40$일 때의 검정력이 다
르다.) 또한 검정력은 같은 표본크기에서 볼 때 효과크기가 클수록 높은 검정력을 나타
내는 것을 알 수 있다.

※ 참조: 제35차 SPSS Korea 오픈하우스, "SPSS Sample Power 표본크기와 검정력", 허명회 교수(고려대).

정리하면…

검정력
(Power)은?

1. 유의수준(α)이 낮아지면, 즉 신뢰수준($1 - \alpha$)이 높아지면 검정력은 낮아지는 특성이 있다.

2. 효과크기가 높아지면, 검정력은 높아지는 특성이 있다.

3. 표본크기가 커지면, 검정력은 높아지는 특성이 있다.

만약 특정한 효과크기(예를 들어 평균이 5 정도 차이가 나는 것이 필요), 특정한 유의수준(예를 들어 α=0.05) 그리고 검정력이 0.8(80%)이 되도록 하는 표본크기(표본수)는 얼마인가를 알고 싶다면 계산이 가능하고, 이것이 바로 IBM SPSS Sample Power의 원리이다!

05 IBM SPSS Sample Power

1 IBM SPSS Sample Power의 특징

● IBM SPSS Sample Power는 편리한 인터페이스를 이용하여 다양한 통계적 유의수준, 검정력, 표본크기 등을 산출할 수 있는 세계적으로 공인된 표본크기 계산 소프트웨어이다.

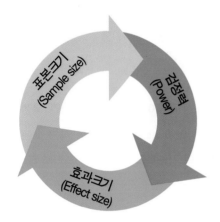

편리한 인터페이스

■ 단순 클릭만으로 예상 결과를 도식화하여 보여주며, 적절한 표본크기를 계산하고, 이러한 표본크기가 필요한 이유 및 해당 분석 과정을 자세히 설명하는 요약 보고서를 제공한다.

■ 초보자에서 전문가까지 SPSS Sample Power를 사용하여 쉽고 빠르게 적절한 표본크기를 도출할 수 있다.

다양한 통계분석 기법별 Sample size

다음과 같은 분석 기법에 대해 표본크기를 산출할 수 있다.

■ Means and differences in means
■ Proportions and differences in proportions
■ Correlation
■ One-way and factorial Analysis of Variance(ANOVA)
■ Analysis of Covariance(ANCOVA)
■ Regression and logistical regression
■ Survival analysis
■ Equivalence tests

쉽고 빠른 "What if" 분석

■ 쉽고 빠른 "What if" 분석을 통해 다양한 조건에서 최적의 표본크기를 찾을 수 있다.

■ 서로 다른 파라미터(검정력, 효과크기 등)의 다양한 조합에 따라 최적의 표본크기를 도출하여, 파라미터가 바뀜에 따라 어떤 영향을 미치는지 확인할 수 있다.

- IBM SPSS Sample Power의 Step-by-step guide interface를 이용 시 초보자들이 더욱 쉽게 표본크기를 산출할 수 있다.

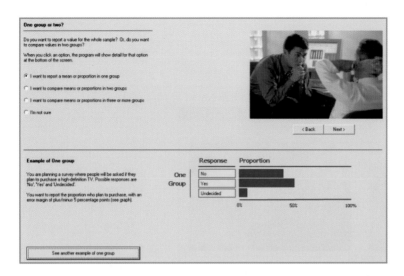

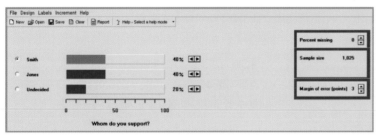

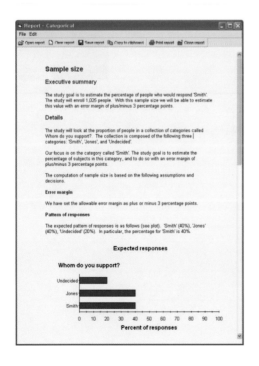

■ 연구 목적 및 데이터 속성별로 샘플 양식을 제공한다.
- One group/Two group/Categorical/Ordinal/Continuous Data
- 각 범주별 목표 퍼센트(%)를 입력하고 오차 범위를 입력하면 자동으로 필요한 표본크기(Sample size)를 보여준다.
- 관련 보고서 출력이 가능하다.

● IBM SPSS Sample Power를 시작할 때, 앞서 설명한 Step-by-step guide interface와 Classic interface 중 사용자가 원하는 방식을 이용하여 시작한다. → 보통 일반적으로 Classic interface를 이용하여 시작한다.

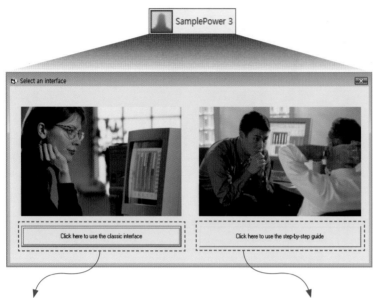

■ Classic Interface

연구에 필요한 다양한 분석 및 옵션들을 화면에 제공한다.

■ Step-by-step guide Interface

검정력 분석을 처음 접하는 사람들이 표본크기를 쉽게 구할 수 있도록 분석 절차를 단계별로 제공한다.

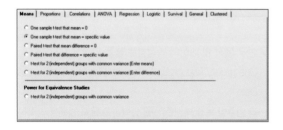

※ 인용: SPSS Sample Power Manual, SPSS Korea 컨설팅팀 저, 데이타솔루션.

2️⃣ IBM SPSS Sample Power의 구성

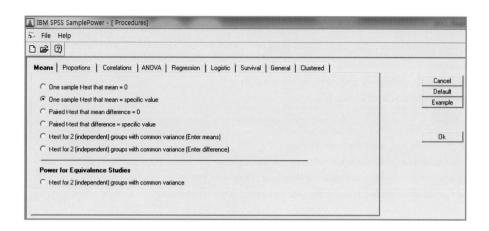

- Mean: 평균비교(t-test 중심)를 수행하는 경우의 표본크기 산정
- Proportions: 비율비교 또는 χ^2-검정/Fisher's의 exact test, (생물학적) 동등성 등의 표본크기 산정
- Correlations: 상관분석하에서의 표본크기 산정
- ANOVA: 일원배치 분산분석 및 다원배치 분산분석하에서의 표본크기 산정
- Regression: 회귀분석하에서의 표본크기 산정
- Logistic: 로지스틱 회귀분석하에서의 표본크기 산정
- Survival: 생존분석하에서의 표본크기 산정
- General: 비중심(비정규 분포 등 비모수 형태)의 각종 t-검정, ANOVA, 회귀분석의 표본크기 산정
- Clustered: 집락실험하의 표본크기 산정

⟨Statistical tests⟩

Means
- One-sample t test that mean = zero
- One-sample t test that mean = specified value: population variance known, unknown
- Paired t test that mean difference = zero or that difference = specified value
- Precision
- t test for two independent groups with common variance: common variance known, unknown

Proportions
- One-sample test that proportion = 0.50, proportion = specific value
  - Computational options for power: normal approximation (arcsin transformation), exact binomial distribution
  - Find N for power: normal approximation (arcsin transformation), exact formula
  - Precision: normal approximation, exact formula (binomial distribution)
- 2×2 for independent samples
  - Computational options for precision: log method, log method with Yates correction, Cornfield/Gart method, Cornfield/Gart method with Yates correction
  - Computational options for power: arcsin approximation, normal approximation (weighted and unweighted mean p), Chi-square (two-tailed only), Chi-square with Yates correction (two-tailed only), Kramer and Greenhouse, Casagrande, and Pike (Fisher approximation)

- Fisher exact
  - Effect size displayed: rate difference (default), odds and log-odds ratios, relative and log-relative risks
- 2×2 for paired samples (McNemar)
  - Computational options for power: normal approximation, exact binomial
- Sign test
  - Computational options for power: normal approximation, exact binomial
- K×C for independent samples
  - Indices of effect: effect size index, contingency coefficient, Cramer's V and Phi
  - Computational option for power: non-central Chi-square

Correlations

- One-sample tests that correlation = zero, correlation = specific value
  - Computational options for power: exact for test versus null of zero, Fisher Z transform for nonzero null
  - Computational options for precision: reports precision for test versus null of zero or for test versus null of specific value
  - Two-sample test that correlations are equal: computational option for power, Fisher Z transformation

ANOVA / ANCOVA

- One-way Analysis of Variance and Analysis of Covariance
  - Effect size: enter F directly, between-groups standard deviation, range of group means and pattern of dispersion, mean for each group
- Factorial Analysis of Variance and Analysis of Covariance: two factors, three factors
  - Effect size: enter F directly, between-groups standard deviation, range of group means and pattern of dispersion, mean for each group

Regression

- Templates for study design
  - One set of predictors or one set of covariates followed by one set of predictors
  - Set A, Set B, and interactio
  - Polynomial regression
  - Covariates followed by dummy coded variable
- Error model
  - Model I error: error is 1-R2 through the current set
  - Model II error: error is 1-R2 for all variables in the model

Logistic regression

- One continuous predictor or two continuous predictors
- One categorical predictor with two levels or one categorical predictor with more than two levels

Survival analysis

- Accrual options: subjects entered prior to first study interval, subjects entered during study at constant rate, accrual varies
- Hazard rate options: constant, varies
- Attrition rate options: no attrition, constant rate, rate varies

Cluster-randomized trials

- One level of clustering (patients within hospitals for example)
- Find the optimal (most cost-effective) allocation ratio

Equivalence tests

- Equivalence tests for means and for proportions

※ 인용: SPSS Sample Power Manual, SPSS Korea 컨설팅팀 저, 데이타솔루션.

2장

평균비교에서
최적 표본크기 산출하기

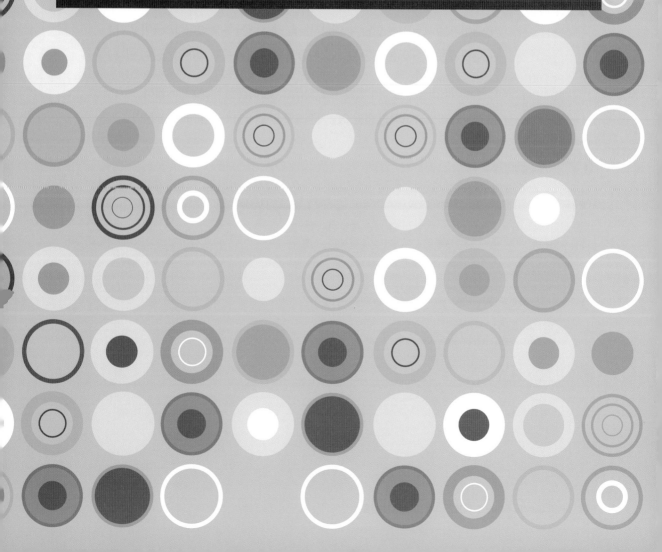

문제

실험 대상자 10명에게 일정량의 혈액 내에서 특수 바이러스(virus)균의 출현빈도를 보았다. 건강한 사람이라면 이 특수 바이러스균은 없어야 정상이다. 이때 실험 대상자 10명에게서 평균 바이러스 출현 수가 0.5이고, 표준편차는 1이라고 했을 때, 본 실험이 검정력 80%를 가지기 위한 적절한 표본수는 몇 개인가? 단, 유의수준 $\alpha = 0.05$로 가정한다.

생각해둡시다!

- 특수 바이러스균은 없어야 정상이므로 기본적으로 평균 $\mu = 0.5$이고, 표준편차 $\sigma = 1$인 10명의 집단에 있어서, 다음과 같은 가설이 성립된다.

  H_0(귀무가설): $\mu = 0$ (본 집단 내 대상자들의 혈액 내에 특수 바이러스균이 없다.)
  H_1(대립가설): $\mu > 0$ (본 집단 내 대상자들의 혈액 내에 특수 바이러스균이 있다.)

- 또한 바이러스균은 음수가 있을 수 없으므로, "단측검정(1-tailed)"이 된다.
- 본 경우가 바로 대표적인 평균 0을 기준으로 한 일표본 t-검정(t-test)이 된다.

따라 하세요

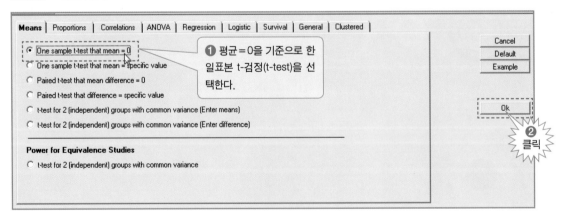

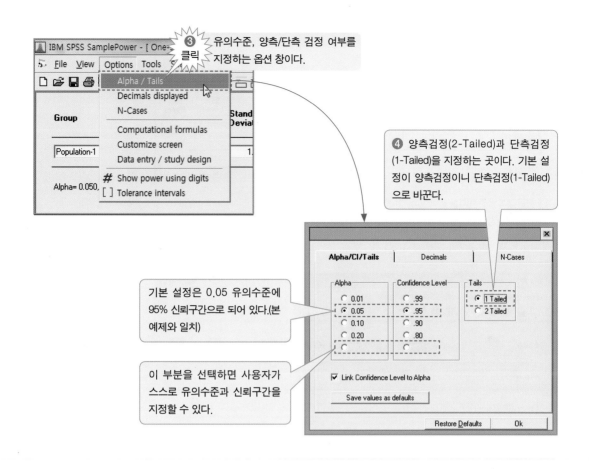

③ 클릭 유의수준, 양측/단측 검정 여부를 지정하는 옵션 창이다.

④ 양측검정(2-Tailed)과 단측검정 (1-Tailed)을 지정하는 곳이다. 기본 설 정이 양측검정이니 단측검정(1-Tailed) 으로 바꾼다.

기본 설정은 0.05 유의수준에 95% 신뢰구간으로 되어 있다.(본 예제와 일치)

이 부분을 선택하면 사용자가 스스로 유의수준과 신뢰구간을 지정할 수 있다.

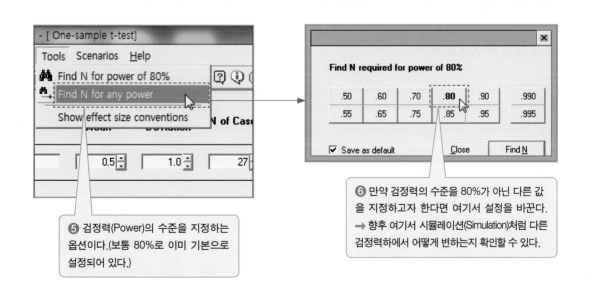

⑤ 검정력(Power)의 수준을 지정하는 옵션이다.(보통 80%로 이미 기본으로 설정되어 있다.)

⑥ 만약 검정력의 수준을 80%가 아닌 다른 값 을 지정하고자 한다면 여기서 설정을 바꾼다. → 향후 여기서 시뮬레이션(Simulation)처럼 다른 검정력하에서 어떻게 변하는지 확인할 수 있다.

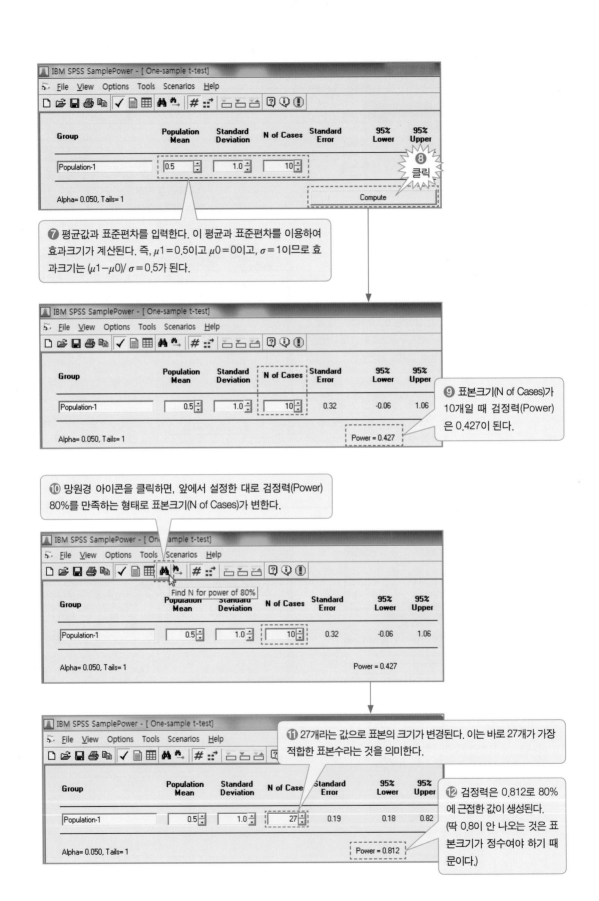

⑦ 평균값과 표준편차를 입력한다. 이 평균과 표준편차를 이용하여 효과크기가 계산된다. 즉, $\mu 1 = 0.5$이고 $\mu 0 = 0$이고, $\sigma = 1$이므로 효과크기는 $(\mu 1 - \mu 0)/\sigma = 0.5$가 된다.

⑨ 표본크기(N of Cases)가 10개일 때 검정력(Power)은 0.427이 된다.

⑩ 망원경 아이콘을 클릭하면, 앞에서 설정한 대로 검정력(Power) 80%를 만족하는 형태로 표본크기(N of Cases)가 변한다.

⑪ 27개라는 값으로 표본의 크기가 변경된다. 이는 바로 27개가 가장 적합한 표본수라는 것을 의미한다.

⑫ 검정력은 0.812로 80%에 근접한 값이 생성된다. (딱 0.80이 안 나오는 것은 표본크기가 정수여야 하기 때문이다.)

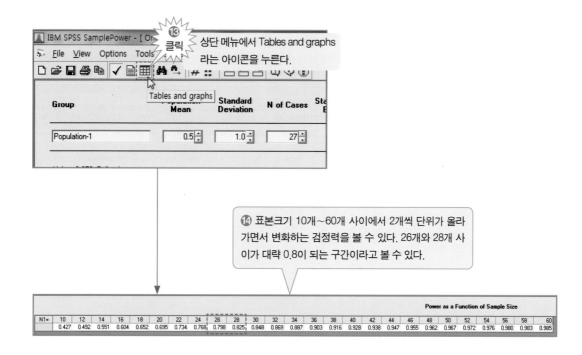

⓭ 클릭 / 상단 메뉴에서 Tables and graphs 라는 아이콘을 누른다.

⓮ 표본크기 10개~60개 사이에서 2개씩 단위가 올라 가면서 변화하는 검정력을 볼 수 있다. 26개와 28개 사 이가 대략 0.8이 되는 구간이라고 볼 수 있다.

Power as a Function of Sample Size

N1=	10	12	14	16	18	20	22	24	26	28	30	32	34	36	38	40	42	44	46	48	50	52	54	56	58	60
	0.427	0.492	0.551	0.604	0.652	0.695	0.734	0.768	0.798	0.825	0.848	0.869	0.887	0.903	0.916	0.928	0.938	0.947	0.955	0.962	0.967	0.972	0.976	0.980	0.983	0.985

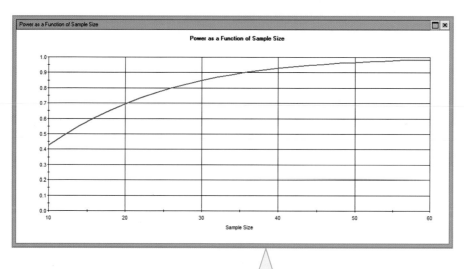

⓯ 위의 표본크기 대비 검정력의 크기를 그래프로 표현 한 것을 알 수 있다.

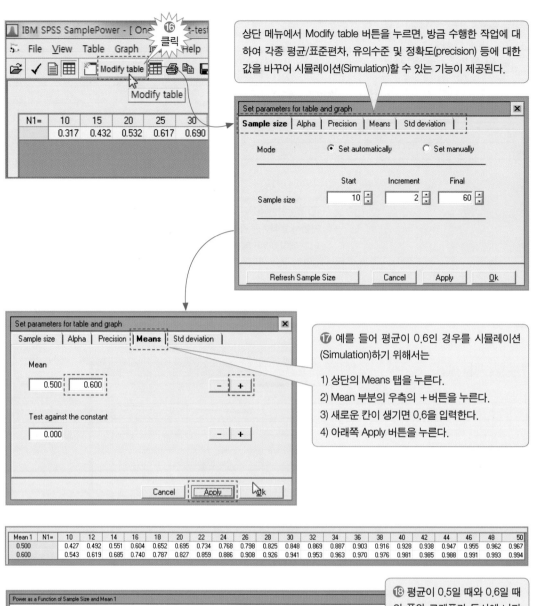

상단 메뉴에서 Modify table 버튼을 누르면, 방금 수행한 작업에 대하여 각종 평균/표준편차, 유의수준 및 정확도(precision) 등에 대한 값을 바꾸어 시뮬레이션(Simulation)할 수 있는 기능이 제공된다.

⓱ 예를 들어 평균이 0.6인 경우를 시뮬레이션(Simulation)하기 위해서는

1) 상단의 Means 탭을 누른다.
2) Mean 부분의 우측의 + 버튼을 누른다.
3) 새로운 칸이 생기면 0.6을 입력한다.
4) 아래쪽 Apply 버튼을 누른다.

Mean 1	N1=	10	12	14	16	18	20	22	24	26	28	30	32	34	36	38	40	42	44	46	48	50
0.500		0.427	0.492	0.551	0.604	0.652	0.695	0.734	0.768	0.798	0.825	0.848	0.869	0.887	0.903	0.916	0.928	0.938	0.947	0.955	0.962	0.967
0.600		0.543	0.619	0.685	0.740	0.787	0.827	0.859	0.886	0.908	0.926	0.941	0.953	0.963	0.970	0.976	0.981	0.985	0.988	0.991	0.993	0.994

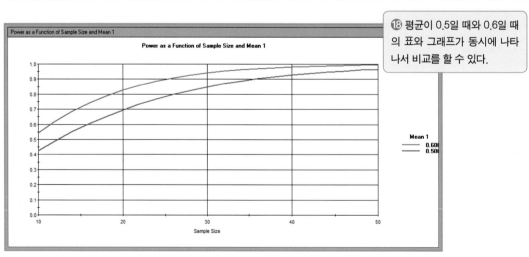

⓲ 평균이 0.5일 때와 0.6일 때의 표와 그래프가 동시에 나타나서 비교를 할 수 있다.

일반적으로 혈액 내의 콜레스테롤 수치가 200 이하이면 정상이라고 했을 때, (과거 선행 조사에서) 서초구의 회사원들은 콜레스테롤의 평균 수치가 240이고, 표준편차가 93.76일 때, 본 실험이 검정력 80%를 가지기 위한 적절한 표본수는 몇 개인가? 단, 유의수준 $\alpha = 0.05$로 가정한다.

- 200 이하이면 좋은 것이므로 이 역시 단측검정이 된다.(단, μ는 표본평균을 의미한다.)

  H_0(귀무가설): $\mu = 200$ (콜레스테롤 수치가 200)

  H_1(대립가설): $\mu > 200$ (콜레스테롤 수치가 200 초과)

- 고민할 것은 일표본 t-검정이지만, 보통 평균을 0으로 가정하는 것이 아닌 특정한 기준이 있다.

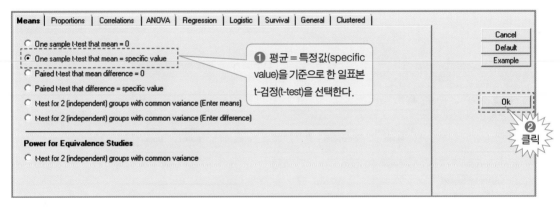

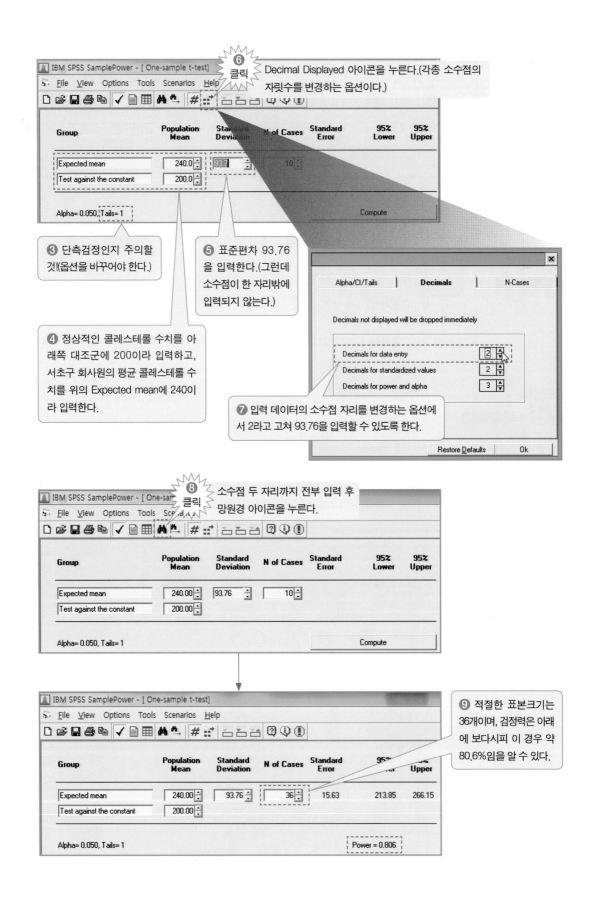

⑥ 클릭 — Decimal Displayed 아이콘을 누른다.(각종 소수점의 자릿수를 변경하는 옵션이다.)

IBM SPSS SamplePower - [One-sample t-test]
File View Options Tools Scenarios Help

Group	Population Mean	Standard Deviation	N of Cases	Standard Error	95% Lower	95% Upper
Expected mean	240.0	93.7	10			
Test against the constant	200.0					

Alpha= 0.050, Tails= 1   Compute

③ 단측검정인지 주의할 것!(옵션을 바꾸어야 한다.)

⑤ 표준편차 93.76을 입력한다.(그런데 소수점이 한 자리밖에 입력되지 않는다.)

④ 정상적인 콜레스테롤 수치를 아래쪽 대조군에 200이라 입력하고, 서초구 회사원의 평균 콜레스테롤 수치를 위의 Expected mean에 240이라 입력한다.

Alpha/CI/Tails   **Decimals**   N-Cases

Decimals not displayed will be dropped immediately

Decimals for data entry   2
Decimals for standardized values   2
Decimals for power and alpha   3

⑦ 입력 데이터의 소수점 자리를 변경하는 옵션에서 2라고 고쳐 93.76을 입력할 수 있도록 한다.

Restore Defaults   Ok

⑧ 클릭 — 소수점 두 자리까지 전부 입력 후 망원경 아이콘을 누른다.

IBM SPSS SamplePower - [One-sample t-test]
File View Options Tools Scenarios Help

Group	Population Mean	Standard Deviation	N of Cases	Standard Error	95% Lower	95% Upper
Expected mean	240.00	93.76	10			
Test against the constant	200.00					

Alpha= 0.050, Tails= 1   Compute

IBM SPSS SamplePower - [One-sample t-test]
File View Options Tools Scenarios Help

Group	Population Mean	Standard Deviation	N of Cases	Standard Error	95% Lower	95% Upper
Expected mean	240.00	93.76	36	15.63	213.85	266.15
Test against the constant	200.00					

Alpha= 0.050, Tails= 1   Power= 0.806

⑨ 적절한 표본크기는 36개이며, 검정력은 아래에 보다시피 이 경우 약 80.6%임을 알 수 있다.

Mean 1	N1=	10	15	20	25	30	35	40	45	50	55	60	65	70	75	80	85	90	95	100	105	110	115	120	125	130	135	140	145	150
220.000		0.154	0.195	0.234	0.271	0.307	0.342	0.375	0.407	0.437	0.467	0.495	0.523	0.549	0.574	0.597	0.620	0.642	0.662	0.682	0.701	0.719	0.735	0.751	0.766	0.781	0.794	0.807	0.819	0.830
230.000		0.239	0.321	0.396	0.464	0.527	0.583	0.634	0.680	0.721	0.757	0.790	0.818	0.843	0.864	0.883	0.900	0.914	0.927	0.937	0.947	0.954	0.961	0.967	0.972	0.976	0.980	0.983	0.986	0.988
240.000		0.346	0.471	0.577	0.666	0.738	0.796	0.843	0.880	0.908	0.930	0.948	0.961	0.971	0.978	0.984	0.988	0.991	0.993	0.995	0.997	0.997	0.998	0.999	0.999	0.999	0.999	1.000	1.000	1.000

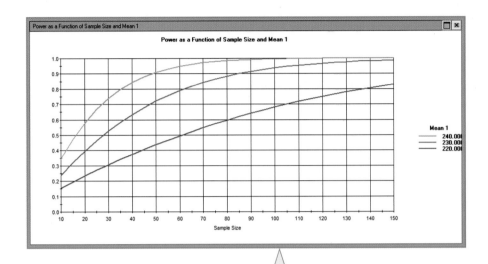

❿ 서초구 회사원들의 평균 콜레스테롤 수치를 240이 아닌 220이나 230이라고 가정한 상태의 검정력의 변화와 그에 따른 표본크기이다. ➡ 항상 이 부분은 습관적으로 수행하고 확인해본다.

02 평균(Mean) – 대응표본 t-검정

문제

DS 제약에서 나온 혈압강하제의 효과를 실험하고자 한다. 평소 고혈압으로 진단받은 사람을 대상으로 혈압강하제 전과 후의 혈압 차이를 대응(paired) t-검정을 이용하여 검증하고자 한다. 혈압의 평균 강하 정도는 10 정도로 예상하고 있고, 표준편차는 약 투여 전에는 26.77, 약 투여 후에는 27.01로 선행 연구와 사전 조사를 통해 예상되었다. 투약 전과 후의 평균 간의 상관성은 0.8이라고 할 때, 평균 10 정도의 혈압 강하를 예상하기 위해 필요한 표본크기는 얼마인가?(단, 유의수준은 $\alpha = 0.05$를 기준으로 한다.)

생각해봅시다!

- 투약 전과 투약 후의 동일한 실험 대상자의 혈압을 비교하는 문제이므로 대응 t-검정 문제이다.

- μ_1을 투약 전 혈압평균, μ_2를 투약 후 혈압평균이라 할 때,

  H_0(귀무가설): $\mu_1 = \mu_2$ (투약 전과 투약 후의 혈압이 거의 차이가 없다.)
  H_1(대립가설): $\mu_1 > \mu_2$ (투약 전과 투약 후의 혈압이 차이가 있다.) → 단측검정의 문제

- 위의 문제에서 대립가설이 채택될 수 있는 혈압 강하의 평균차이가 10이라는 의미이다.

따라 하세요

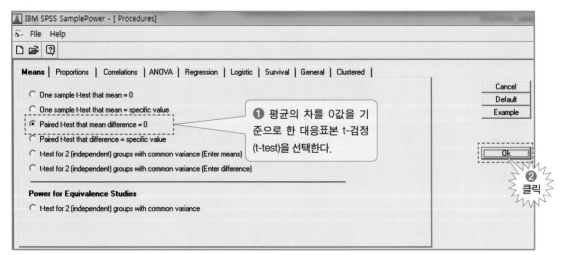

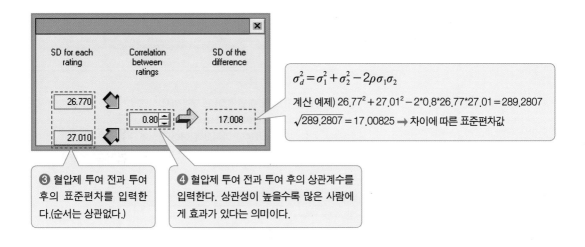

$$\sigma_d^2 = \sigma_1^2 + \sigma_2^2 - 2\rho\sigma_1\sigma_2$$

계산 예제) $26.77^2 + 27.01^2 - 2*0.8*26.77*27.01 = 289.2807$

$\sqrt{289.2807} = 17.00825 \Rightarrow$ 차이에 따른 표준편차값

❸ 혈압제 투여 전과 투여 후의 표준편차를 입력한다.(순서는 상관없다.)

❹ 혈압제 투여 전과 투여 후의 상관계수를 입력한다. 상관성이 높을수록 많은 사람에게 효과가 있다는 의미이다.

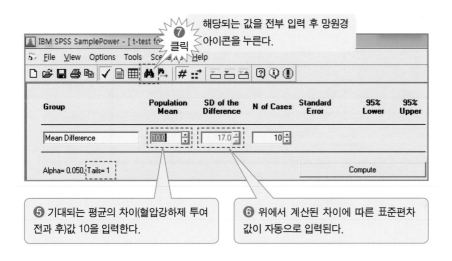

❼ 해당되는 값을 전부 입력 후 망원경 아이콘을 누른다. / 클릭

❺ 기대되는 평균의 차이(혈압강하제 투여 전과 후)값 10을 입력한다.

❻ 위에서 계산된 차이에 따른 표준편차 값이 자동으로 입력된다.

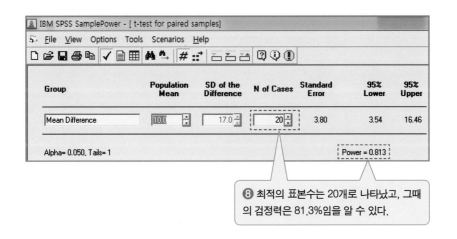

❽ 최적의 표본수는 20개로 나타났고, 그때의 검정력은 81.3%임을 알 수 있다.

Alpha	N1=	10	12	14	16	18	20	22	24	26	28	30	32	34	36	38	40	42	44	46	48	50
0.010		0.231	0.296	0.362	0.426	0.488	0.546	0.600	0.649	0.694	0.735	0.771	0.803	0.831	0.856	0.878	0.896	0.913	0.926	0.938	0.948	0.957
0.050		0.529	0.604	0.669	0.725	0.773	0.813	0.847	0.875	0.898	0.917	0.933	0.946	0.957	0.965	0.972	0.978	0.982	0.986	0.989	0.991	0.993

❾ 유의수준을 0.05가 아닌 0.01로 낮추어서 비교 표와 그래프를 작성해본다. 만약 유의수준이 0.01 인 경우 최소 32개의 표본을 가지고 있어야 검정력 80%를 넘을 수 있다.

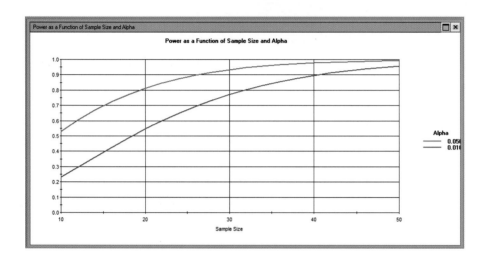

03 | 평균(Mean) – 비교값 입력 시 대응표본 t-검정

문제

앞의 예제와 동일하게 DS 제약에서 나온 혈압강하제의 효과를 실험하고자 한다. 평소 고혈압으로 진단받은 사람을 대상으로 혈압강하제 투여 전과 후의 혈압 차이를 대응(paired) t-검정을 이용하여 검증하고자 한다. 앞의 예제와 동일하게 표준편차는 약 투여 전에는 26.77, 약 투여 후에는 27.01로 선행 연구와 사전 조사를 통해 예상되었다. 투약 전과 후의 평균의 상관성은 0.8이라고 하는 것까지는 동일하다. 단, 과거 선행 연구에서 혈압강하제 투여 전의 혈압은 평균 140, 혈압강하제 투여 후의 혈압은 평균 130이라고 할 때, 실제 이 정도 차이의 결과를 얻기 위해서 필요한 표본크기는 얼마인가?(단, 유의수준은 $\alpha = 0.05$를 기준으로 한다.)

생각해둡시다!

- 앞의 예제와 동일하게 투약 전과 투약 후의 동일한 실험 대상자의 혈압을 비교하는 문제이므로 대응 t-검정 문제이다.
- 이 경우 대응 t-검정의 귀무와 대립 가설은 다음과 같다.
- μ_1을 투약 전 혈압평균, μ_2를 투약 후 혈압평균이라 할 때,

  H_0(귀무가설): $\mu_1 = \mu_2$ (투약 전과 투약 후의 혈압이 거의 차이가 없다.)

  H_1(대립가설): $\mu_1 > \mu_2$ (투약 전과 투약 후의 혈압이 차이가 있다.) ➔ 단측검정의 문제
- 위의 문제는 대응 비교되는 2개 집단의 평균 혈압값이 무작정 10의 차이가 아니라 직접 나타나 있다는 것이 앞의 예제와 차이점이다.

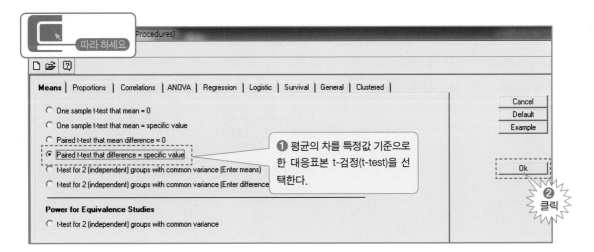

따라 하세요

❶ 평균의 차를 특정값 기준으로 한 대응표본 t-검정(t-test)을 선택한다.

❷ 클릭

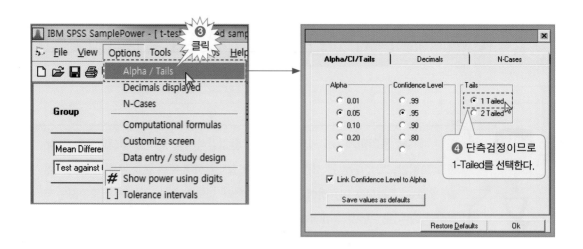

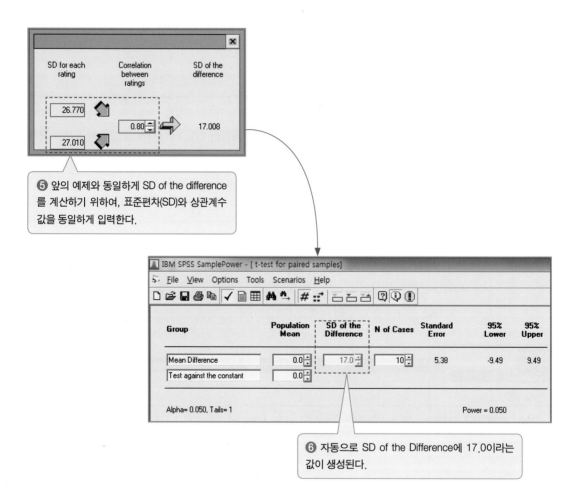

⑤ 앞의 예제와 동일하게 SD of the difference 를 계산하기 위하여, 표준편차(SD)와 상관계수 값을 동일하게 입력한다.

⑥ 자동으로 SD of the Difference에 17.0이라는 값이 생성된다.

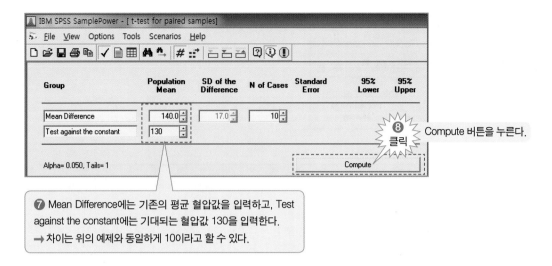

⑧ 클릭
Compute 버튼을 누른다.

❼ Mean Difference에는 기존의 평균 혈압값을 입력하고, Test against the constant에는 기대되는 혈압값 130을 입력한다.
→ 차이는 위의 예제와 동일하게 10이라고 할 수 있다.

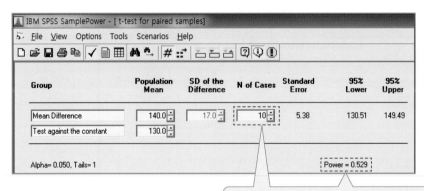

⑨ 검정력이 0.529(52.9%)일 때, 적정 표본크기는 10개임을 알 수 있다.

⑩ 클릭
일반적인 검정력 80%일 때의 적정 표본수를 산출하기 위하여 망원경 아이콘을 클릭한다.

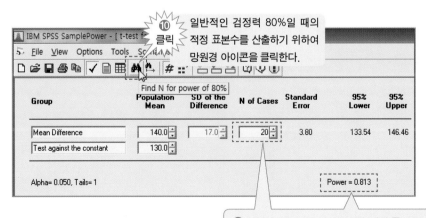

⑪ 검정력이 0.813(81.3%)일 때, 적정 표본수는 20개임을 알 수 있다.

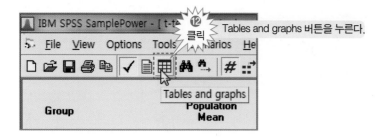

⑫ 클릭 Tables and graphs 버튼을 누른다.

N1=	10	12	14	16	18	20	22	24	26	28	30	32	34	36	38	40	42	44	46	48	50
	0.529	0.604	0.669	0.725	0.773	0.813	0.847	0.875	0.898	0.917	0.933	0.946	0.957	0.965	0.972	0.978	0.982	0.986	0.989	0.991	0.993

⑬ 20개의 표본을 산출했을 때 81.3%의 검정력을 보장받을 수 있다는 것을 표로 확인할 수 있으며, 표본수에 따른 검정력을 한눈에 볼 수 있다.

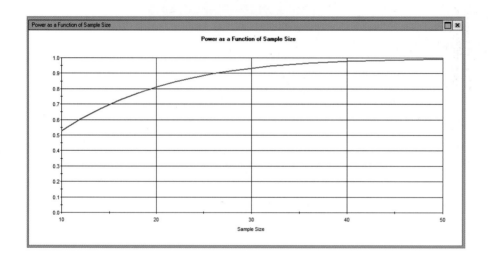

Power as a Function of Sample Size

04 평균(Mean) – 독립표본 t-검정

문제 A 병원에서 의료 서비스 만족도 조사를 하고자 한다. 100점 만점이며, 특히 남/여 간의 만족도 점수를 비교하여 성별 간 만족도 차이를 보고 싶어 한다. 전년도 조사에서 남자는 평균이 78.3, 표준편차는 5.7이었고, 여자는 평균이 75.4, 표준편차는 5.9이었다. 이와 같은 수준에서 검정력 80%를 얻기 위해 필요한 표본크기는 얼마인가?(단, 유의수준 $\alpha = 0.05$)

생각해둡시다!

- 남성과 여성이라는 2개의 집단이 있고, 이들은 서로 독립이라는 가정이므로 독립표본 t-검정을 하는 것이 맞다.
- 또한 남성과 여성 집단 어느 집단이 더 높거나 낮을 수 있으므로, 양측검정(2-tailed)을 하는 것이 옳다.
- 일반적으로 독립표본 t-검정에서는 각 집단별 표준편차의 크기가 많이 나지 않는다.

 따라 하세요

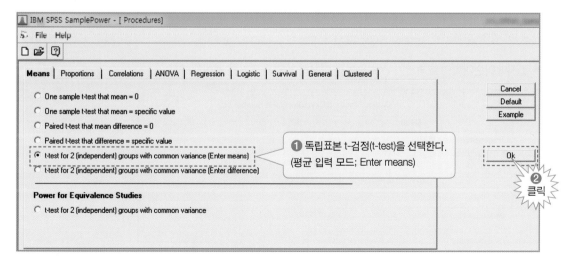

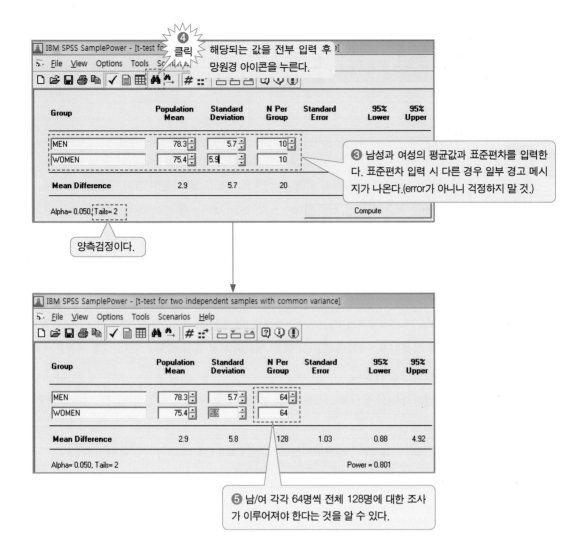

④ 클릭 해당되는 값을 전부 입력 후에 망원경 아이콘을 누른다.

③ 남성과 여성의 평균값과 표준편차를 입력한다. 표준편차 입력 시 다른 경우 일부 경고 메시지가 나온다.(error가 아니니 걱정하지 말 것.)

양측검정이다.

⑤ 남/여 각각 64명씩 전체 128명에 대한 조사가 이루어져야 한다는 것을 알 수 있다.

● 조지메이슨대학의 효과크기 Web-site를 이용하여 효과크기를 계산해보자.

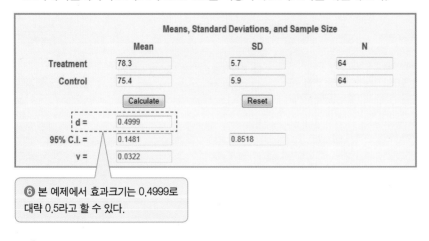

⑥ 본 예제에서 효과크기는 0.4999로 대략 0.5라고 할 수 있다.

※ 참조: http://gunston.gmu.edu/cebcp/EffectSizeCalculator/d/d.html

Cohen의 효과크기의 강도(1977, Statistical power analysis for the behavioral sciences)

기법명	index	Small	Medium	Large
T-test(mean)	d	0.2	0.5	0.8
T-test on Correlation	r	0.1	0.3	0.5
ANOVA	f	0.1	0.25	0.4
Multipul correlation	f^2	0.02	0.15	0.35
Chi-Squara test	w	0.1	0.3	0.5

Cohen은 효과크기에 따라서 해당 효과크기의 강도를 위의 표와 같이 정리하였다. 그러나 이 값들은 상대적인 값들이며, 모집단이나 변수의 특성 그리고 다양한 환경에 따라 다른 의미를 가진다.(딱히 large 또는 small을 나누기 어려울 수 있다.) 그러나 Cohen은 행동과학(behavioral sciences) 분야 기준으로 이 기준표를 제시하였고, 일반적으로 의학 등에서도 이 기준을 많이 적용한다.

앞의 예제에서 표본크기가 각 집단(성별)별로 64개씩 필요하다는 것은 다시 말해 효과크기가 0.5(0.49999)가 나올 확률 80%(검정력)의 표본크기가 바로 각 집단별로 64개씩, 즉 최소 128개의 표본(Sample)을 가져야 한다는 의미이다.

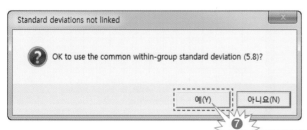

❼
클릭

그래프와 표를 보기 위해 해당 아이콘을 누르면 공통 표준편차로 5.8을 사용해도 무방한지를 물어보는 대화상자가 나온다. "예(Y)" 버튼을 누른다.

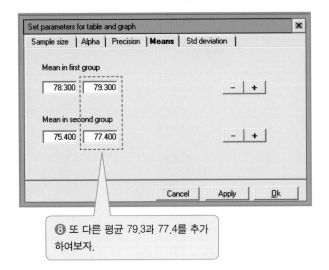

⑧ 또 다른 평균 79.3과 77.4를 추가하여보자.

Mean 1	Mean 2	N1=	10	20	30	40	50	60	70	80	90	100	110	120	130	140	150
		N2=	10	20	30	40	50	60	70	80	90	100	110	120	130	140	150
78.300	75.400		0.185	0.338	0.478	0.598	0.697	0.775	0.836	0.881	0.915	0.940	0.958	0.971	0.980	0.986	0.991
	77.400		0.062	0.077	0.091	0.105	0.120	0.135	0.149	0.164	0.179	0.194	0.209	0.224	0.238	0.253	0.268
79.300	75.400		0.296	0.545	0.726	0.844	0.914	0.955	0.977	0.988	0.994	0.997	0.999	0.999	1.000	1.000	1.000
	77.400		0.107	0.172	0.239	0.304	0.368	0.428	0.486	0.539	0.589	0.635	0.677	0.715	0.749	0.780	0.807

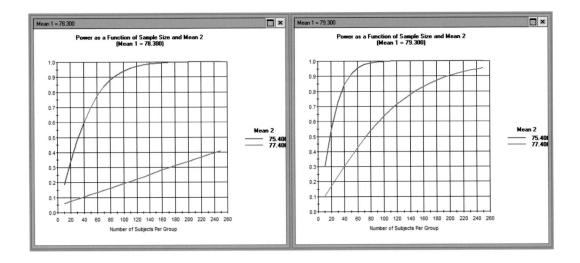

05 | 평균(Mean) – 독립표본 t-검정: 평균차 입력법

문제

앞의 예제와 동일한 상황에서 의료 서비스 만족도 조사를 하고자 할 때, 100점 만점에서 특히 남/여 간의 만족도 점수 차이가 2.9점 정도의 차이를 나타내고, 표준편차는 2개의 집단 평균 5.8 정도를 가정한다고 했을 때, 이와 같은 수준에서 검정력 80%를 얻기 위해 필요한 표본크기는 얼마인가?(단, 유의수준 $\alpha = 0.05$)

생각해봅시다!

- 남성과 여성이라는 2개의 집단이 있고, 이들은 서로 독립이라는 가정이므로 독립표본 t-검정을 수행한다.(앞의 예제와 기본적으로 동일하다.)
- 또한 남성과 여성 집단 어느 집단이 더 높거나 낮을 수 있으므로, 양측검정(2-tailed)을 하는 것이 옳다.(앞의 예제와 동일하다.)
- 앞의 예제와 다른 것은 두 집단의 평균값을 각각 알고 있는 것이 아니라, 두 집단의 평균값의 차이를 알고 있는 것뿐이다.

따라 하세요

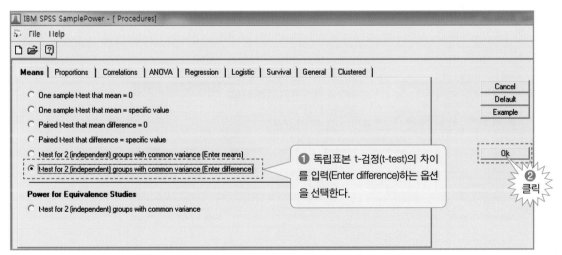

① 독립표본 t-검정(t-test)의 차이를 입력(Enter difference)하는 옵션을 선택한다.

② 클릭

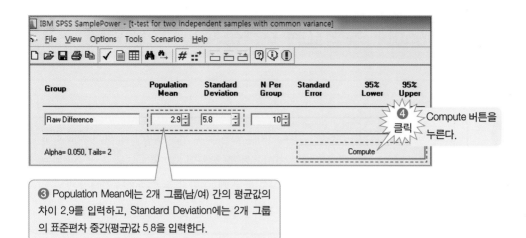

❸ Population Mean에는 2개 그룹(남/여) 간의 평균값의 차이 2.9를 입력하고, Standard Deviation에는 2개 그룹의 표준편차 중간(평균)값 5.8을 입력한다.

④ Compute 버튼을 클릭 누른다.

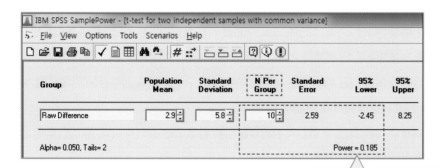

❺ N Per Group의 10은 검정력 0.185(18.5%) 기준일 때의 최적 표본크기라고 할 수 있다.

⑥ 망원경 아이콘을 눌러서 검정력 80%일 때의 적정 표본크기를 클릭 확인한다.

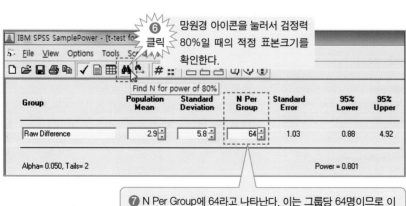

❼ N Per Group에 64라고 나타난다. 이는 그룹당 64명이므로 이 값에 2를 곱한 128명이 최종 필요 표본크기임을 알 수 있다.
→ 앞의 예제 결과와 동일함을 알 수 있다.

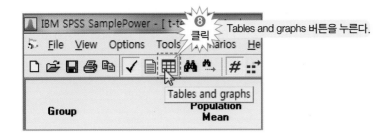

⑧ Tables and graphs 버튼을 누른다.

Tables and graphs

N1=	10	15	20	25	30	35	40	45	50	55	60	65	70	75	80
N2=	10	15	20	25	30	35	40	45	50	55	60	65	70	75	80
	0.185	0.262	0.338	0.410	0.478	0.541	0.598	0.650	0.697	0.738	0.775	0.808	0.836	0.860	0.882

⑨ 그룹 1과 2의 경우 각각 65개일 때, 검정력이 80.8%임을 알 수 있다.

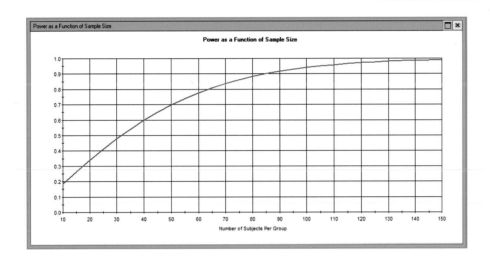

Table and graph 화면에서 평균의 차이가 2.9가 아니라 4.0일 때의 검정력의 차이와 표본수의 변화가 어떻게 되는지 시뮬레이션(Simulation)해보자.

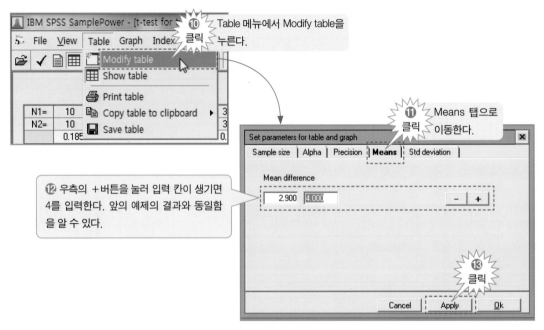

⑩ Table 메뉴에서 Modify table을 클릭 누른다.

⑪ Means 탭으로 클릭 이동한다.

⑫ 우측의 ＋버튼을 눌러 입력 칸이 생기면 4를 입력한다. 앞의 예제의 결과와 동일함을 알 수 있다.

⑬ 클릭

⑭ 평균차가 4 정도 되었을 때는 각각 35개(70개)의 표본을 추출했을 때 검정력이 81.2%임을 알 수 있다.

Mean 1	N1=	10	15	20	25	30	35	40	45	50	55	60	65	70	75	80
	N2=	10	15	20	25	30	35	40	45	50	55	60	65	70	75	80
2.900		0.185	0.262	0.338	0.410	0.478	0.541	0.598	0.650	0.697	0.738	0.775	0.808	0.836	0.860	0.882
4.000		0.309	0.446	0.566	0.666	0.747	0.812	0.861	0.899	0.927	0.948	0.963	0.974	0.982	0.987	0.991

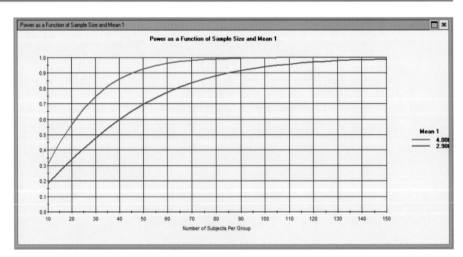

06 평균(Mean) – 2개의 독립표본의 동등성 검정

"비아그라"의 특허 만료에 따라 복제약 "해피그라"가 출시되었다. "해피그라"의 성능이 오리지널(original)약인 "비아그라"의 성능과 동일해야지만 복제(copy)약으로서 판매가 가능해지게 된다. 복용 후 혈중 내에 약 성분이 남아 있는지에 대한 실험을 할 때, 평균 70, 표준편차 20 정도의 약 성분이 있으면 "해피그라"는 복제약으로 인정을 받을 수 있다. 그러나 통상적으로 한국의 식약청에서 오리지널약과 복제약 사이에 대략 효과크기가 5 정도 된다면 그것이 더 좋든 나쁘든 복제약이 효과가 있는 것으로 판정을 내린다고 할 때, 오리지널약과 복제약 사이에 평균을 70, 표준편차를 20으로 동등하게 두는 상태에서, 실제 허용차이는 5 정도 되고, 검정력 80%가 나올 수 있게 하는 표본크기는 몇 개인가?(단, 유의수준 $\alpha = 0.05$)

• 일반적으로 t-검정은, 귀무가설은 두 집단이 같고 대립가설은 두 집단이 다르다는 가설 하에 대립가설을 선택하면, 연구자의 주장이 입증되는 것이 일반적인 현상이다.

• 그러나 동등성(equivalence) 검정에서는 허용차이(acceptable difference) D 내에서 Active Control 그룹의 평균 μ_1에 비교하여, New Treatment 그룹 μ_2가 같거나 크다는 것을 보이는 데 있다.

$$H_0: \mu_2 - \mu_1 = -d$$
$$H_1: \mu_2 - \mu_1 = 0$$

• 따라서 H_1이 옳을 때의 검정력이 일정 수준(보통 80%)이 되도록 표본크기가 결정되어야 한다.

• 일반적으로 동등성 검정은 주로 약의 성능 효과 검정에서 많이 사용된다.(보통 일반적으로 복제약은 오리지널약과 동일한 성능만 가지면 되기 때문이다.)

• 동등성 검정은 비열등성 실험이라고도 한다.

※ 인용: 제35차 SPSS Korea 오픈하우스, "SPSS Sample Power 표본크기와 검정력", 허명회 교수(고려대).

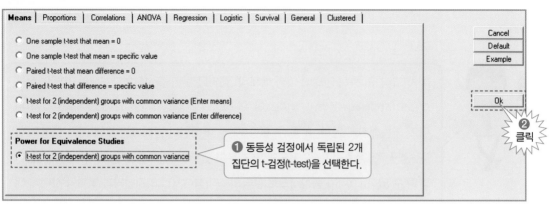

❶ 동등성 검정에서 독립된 2개 집단의 t-검정(t-test)을 선택한다.

❷ 클릭

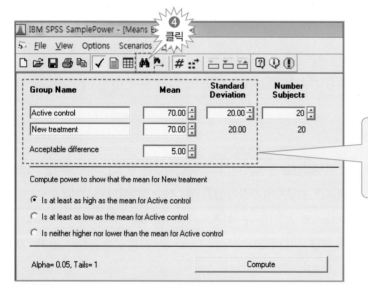

❸ 목표가 되는 혈중 내 약 성분 평균값 70과 표준편차 20 그리고 허용차이 (효과크기) 5를 입력한다. 그 다음 망원경 아이콘을 누른다.

IBM SPSS SamplePower - [Means Equivalence]

File View Options Scenarios Help

Group Name	Mean	Standard Deviation	Number Subjects
Active control	70.00	20.00	199
New treatment	70.00	20.00	199
Acceptable difference	5.00		

Compute power to show that the mean for New treatment

● Is at least as high as the mean for Active control

○ Is at least as low as the mean for Active control

○ Is neither higher nor lower than the mean for Active control

Alpha= 0.05, Tails= 1   Power = 0.80

❺ 80% 검정력을 만족시키기 위해서는 199명의 표본크기가 요구됨을 알 수 있다.

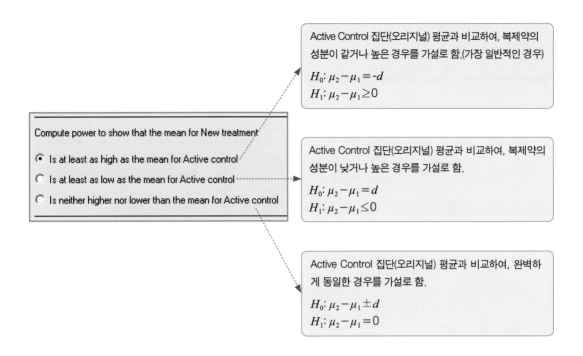

Active Control 집단(오리지널) 평균과 비교하여, 복제약의 성분이 같거나 높은 경우를 가설로 함.(가장 일반적인 경우)

$H_0: \mu_2 - \mu_1 = -d$
$H_1: \mu_2 - \mu_1 \geq 0$

Active Control 집단(오리지널) 평균과 비교하여, 복제약의 성분이 낮거나 높은 경우를 가설로 함.

$H_0: \mu_2 - \mu_1 = d$
$H_1: \mu_2 - \mu_1 \leq 0$

Active Control 집단(오리지널) 평균과 비교하여, 완벽하게 동일한 경우를 가설로 함.

$H_0: \mu_2 - \mu_1 \pm d$
$H_1: \mu_2 - \mu_1 = 0$

- 위의 3가지 옵션(option)의 경우 앞의 예제처럼 동일한 평균(70)과 표준편차(20)를 가진 경우는 동일하게 나온다.

- 위의 3가지 옵션은 실제 사전 조사나 과거 선행 연구를 볼 때, 동일하지 않은 평균(예를 들어 70 vs. 68 등) 등을 가질 때 의미가 있다.

- 마지막 세 번째 옵션은 항상 첫 번째나 두 번째 옵션에 비교하여 검정력이 낮게 나온다.

- 또한, 일반적으로 미국 FDA, 우리나라의 식약청에서는 복제약과 오리지널약의 성분 차이에 있어서 통상적으로 인정해주는 효과의 크기가 있다.(관련 규정 또는 내부 기준이 있다.) 따라서 Acceptable difference 에 해당 값을 넣어주면 된다.

※ 참조: 제35차 SPSS Korea 오픈하우스, "SPSS Sample Power 표본크기와 검정력", 허명회 교수(고려대).

N1=	20	40	60	80	100	120	140	160	180	200	220	240	260
N2=	20	40	60	80	100	120	140	160	180	200	220	240	260
	0.193	0.296	0.388	0.472	0.547	0.613	0.671	0.721	0.765	0.803	0.835	0.862	0.885

❻ 위의 표에서 만약 표본의 크기가 100 정도라면 검정력이 대략 54.7% 정도 된다. 이는 100명 정도의 표본크기는 오리지널약과 복제약의 동등성을 입증할 가능성이 54.7%밖에 되지 않는다는 것을 의미한다. 따라서 좀 더 의미 있는 검정력을 가지기 위해서는 80% 정도 되는 약 200명 정도의 표본크기가 요구된다.

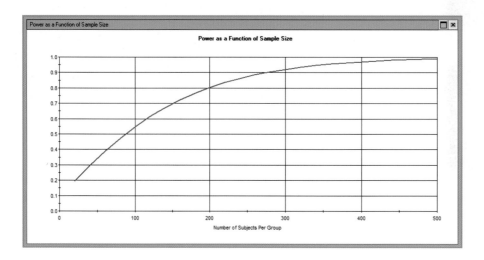

※ 인용: 제35차 SPSS Korea 오픈하우스, "SPSS Sample Power 표본크기와 검정력", 허명회 교수(고려대).

3장

비율비교에서
최적 표본크기 산출하기

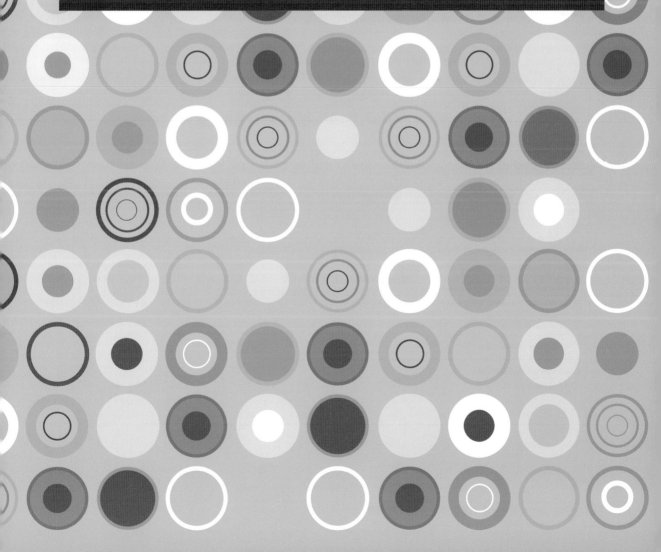

문제

K 대학병원의 암 전문 의사들에게 말기 암환자에 대하여 아직 승인이 나지 않은 암치료제의 사용에 대한 의견을 수렴하였다. 이를 기본적으로 사용하자는 의견이 50%, 사용하면 안 된다는 의견이 50%라는 기본적인 전제하에, 연구자는 20% 정도 찬성이 더 많다는 결과를 예상하고 있다. 이때 양측검정 기준하에서 검정력 80%를 만족하는 적절한 표본크기는 몇 개인가?

생각해둡시다!

- 평균값이 제공된 것이 아니라 찬성과 반대의 비율이므로, 비율 검정을 수행해야 한다.
- 찬성과 반대의 비율이 50%이고, 양측검정이라는 조건이 있다.
- θ_0를 50%를 나타내는 비율이라고 할 때,

$$H_0: \ \theta = \theta_0(50\%)$$
$$H_1: \ \theta \neq \theta_0(50\%)$$

- 단, 연구자는 H_1을 선택하되, 찬성의 비율이 20% 더 많을 것을 기대하고 있다.

따라 하세요

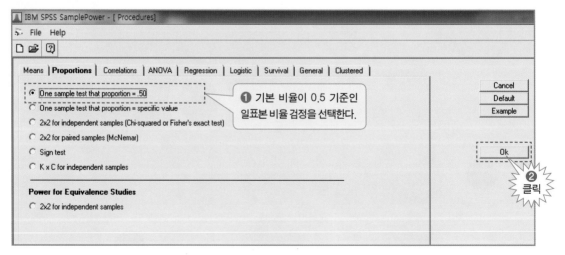

❶ 기본 비율이 0.5 기준인 일표본 비율 검정을 선택한다.

❷ 클릭

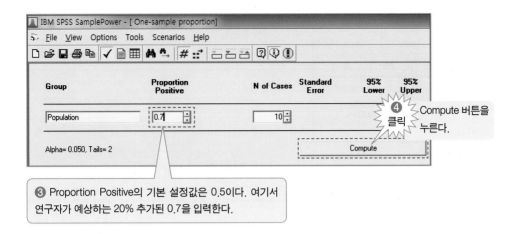

④ 클릭 Compute 버튼을 누른다.

③ Proportion Positive의 기본 설정값은 0.5이다. 여기서 연구자가 예상하는 20% 추가된 0.7을 입력한다.

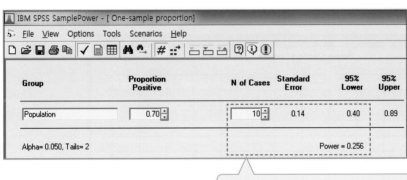

⑤ 표본수가 10개일 때 검정력 25.6%임을 알 수가 있다.

⑥ 클릭 검정력 80%일 때 적정 표본수를 확인 하기 위하여 망원경 아이콘을 누른다.

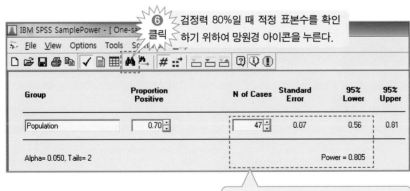

⑦ 47명의 표본수를 가질 때 80.5%의 검정력을 가지는 것을 알 수 있다.

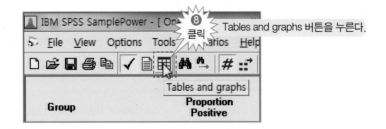

8 클릭 Tables and graphs 버튼을 누른다.

N1=	10	15	20	25	30	35	40	45	50	55	60	65
	0.256	0.357	0.452	0.539	0.616	0.682	0.740	0.788	0.829	0.863	0.890	0.913

9 표본이 45개일 때 검정력이 78.8%, 표본이 50개일 때 검정력이 82.9%임을 알 수 있다.

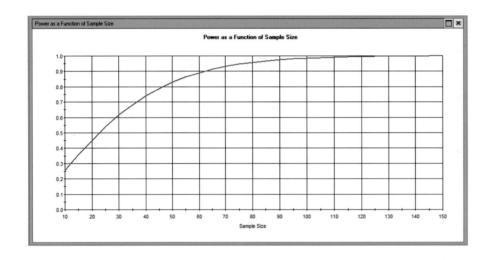

B 병원에서 암환자들의 방사선(방사능) 치료에 대한 긍정성을 조사하고자 한다. B 병원의 기대 또는 과거 조사에서 방사능 치료에 대한 긍정의 비율이 40% 정도였다. 그러나 본 조사에서는 긍정의 비율이 40%를 넘어서 50% 이상 되기를 예상하고 있다. 이와 같은 연구를 수행하고자 할 때, 검정력 80%를 만족하는 표본크기는 얼마가 될 것인가?(단, 유의수준 $\alpha = 0.05$)

- 평균값이 제공된 것이 아니라 긍정의 비율이므로, 비율 검정을 수행해야 한다.
- 긍정의 비율이 40% 이상이 되는 것을 요구하고 있으므로, 단측검정이다.
- θ_0를 선행 조사에서 파악된 특정 예상 비율이라고 할 때,

$$H_0: \theta = \theta_0(40\%)$$

$$H_1: \theta > \theta_0(40\%)$$

- 또한 대조군에 대비되는 목표검정값(Test against the constant)은 50%가 된다.

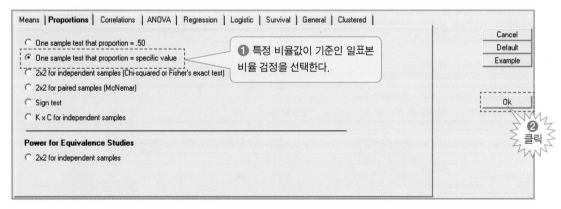

① 특정 비율값이 기준인 일표본 비율 검정을 선택한다.

② 클릭

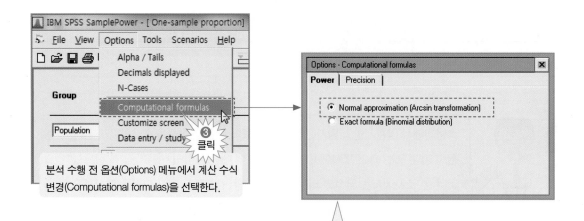

분석 수행 전 옵션(Options) 메뉴에서 계산 수식
변경(Computational formulas)을 선택한다.

④ 기본 설정은 Normal approximation이고 Exact Formula 방식이 하나 더 있다. 일반적으로 Normal
approximation의 경우 표본크기가 어느 정도 크다는 가정하에 사용이 되고, Exact Formula의 경우 표본
크기가 매우 작은 경우(10개 미만 또는 10~15개 정도)에 좀 더 정확한 계산을 해주는 옵션이다.
※ 옆의 Precision(정확도) 탭 역시 동일한 옵션을 선택할 수 있다.

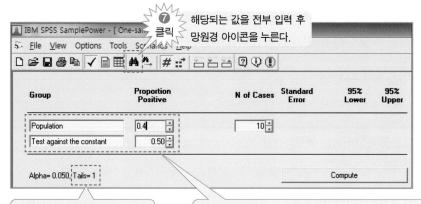

⑦ 해당되는 값을 전부 입력 후
망원경 아이콘을 누른다.

⑤ 단측검정으로 옵션이 체크
되었는지 확인해야 한다.

⑥ 과거 선행 연구에서 나온 모집단의 비율 0.4를 넣고, 연구자가 예상하는 긍정비율
0.5를 Test against the constant에 입력한다.

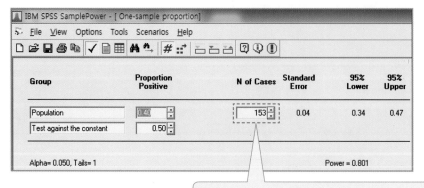

⑧ 검정력 80% 만족시킬 수 있는 최적 비율의 표본크기는 153개로 나타났다.

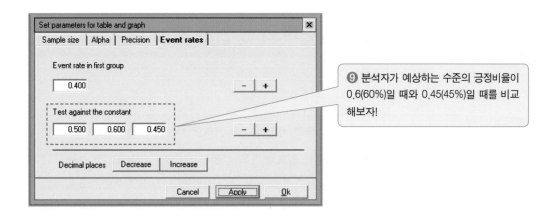

❾ 분석자가 예상하는 수준의 긍정비율이 0.6(60%)일 때와 0.45(45%)일 때를 비교 해보자!

Rate 2	N1=	10	20	30	40	50	60	70	80	90	100	110	120	130	140	150	160
0.450		0.093	0.117	0.138	0.157	0.176	0.195	0.212	0.230	0.247	0.263	0.280	0.296	0.312	0.327	0.343	0.358
0.500		0.157	0.228	0.294	0.355	0.413	0.466	0.516	0.562	0.605	0.644	0.680	0.713	0.742	0.770	0.794	0.817
0.600		0.355	0.562	0.713	0.817	0.885	0.930	0.958	0.975	0.985	0.991	0.995	0.997	0.998	0.999	0.999	1.000

❿ 분석자가 예상하는 긍정비율이 0.4에 가까울수록 단측검정하에서는 더 많은 표본크기가 있어야지 검정력이 높아진다.

이는 연구자가 예상하는 비율과 실제 과거 선행 연구에서의 비율이 비슷해질수록 H_1을 선택할 확률(즉, H_0를 기각할 확률)인 검정력이 점점 낮아지고, H_0를 선택할 확률이 높아지기 때문이다.

반대로 0.4보다 낮은 기대수준을 가지면 아주 적은 표본으로도 검정력이 높아진다.(예를 들어, 0.2를 넣어보고 결과를 살펴보자.)

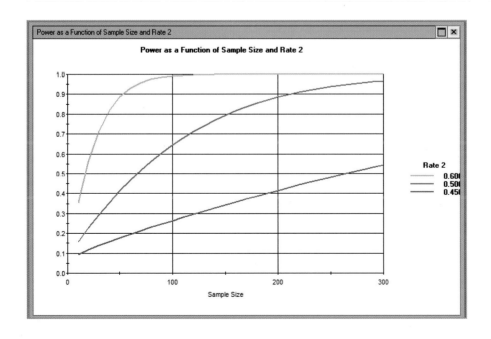

03 비율(Proportions) – 2개의 독립표본 비율 검정

문제

노인전문병원에서 노인의 우울증 치료를 위한 기존의 A 교육방법과 새로 나온 B 교육방법의 성능 효과를 비교하는 실험을 하고자 한다. 기존의 A 교육방법의 경우 해당 노인들의 60% 정도가 우울증 호전 효과를 보이고 있었다. 그리고 새로운 B 교육방법의 경우 기존보다 20% 성능이 높아진 80%의 노인들이 우울증 호전 효과를 기대하고 있다. 그러나 그에 반해 부작용이나 반발작용도 우려될 수 있다. 이 경우 80%의 검정력을 가지는 적절한 표본크기는?(단, 유의수준 $\alpha = 0.05$)

생각해둡시다!

- 독립된 2개 집단의 비율 검정(A 교육방법과 B 교육방법)이라고 할 수 있다.
- 부작용 발생으로 우울증 호전 효과가 기존 60%보다 낮아질 수 있으므로, 양측검정이다.

$$H_0: \theta_1 = \theta_2 \ (\theta_1 은 \ A \ 교육방법의 \ 우울증 \ 호전 \ 모비율, \ \theta_2 는 \ B \ 교육방법의 \ 우울증$$
$$호전 \ 모비율)$$

$$H_1: \theta_1 \neq \theta_2$$

- 2개 집단의 비율 검정은 χ^2-검정(범주형 자료의 동일성 검정-대표본 근사검정), Exact test(정확검정-소표본)에서 주로 활용된다.

따라 하세요

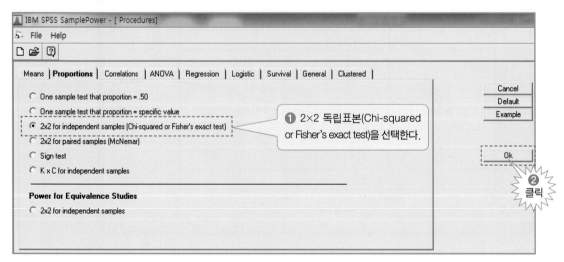

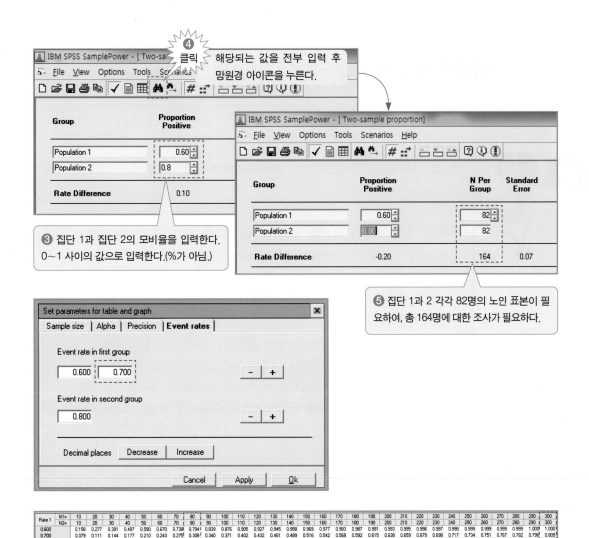

④ 클릭 해당되는 값을 전부 입력 후
망원경 아이콘을 누른다.

③ 집단 1과 집단 2의 모비율을 입력한다.
0~1 사이의 값으로 입력한다.(%가 아님.)

⑤ 집단 1과 2 각각 82명의 노인 표본이 필
요하여, 총 164명에 대한 조사가 필요하다.

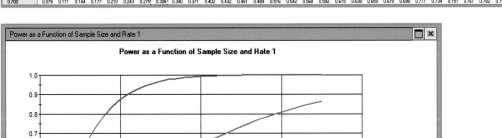

Rate 1	N1=	10	20	30	40	50	60	70	80	90	100	110	120	130	140	150	160	170	180	190	200	210	220	230	240	250	260	270	280	290	300
	N2=	10	20	30	40	50	60	70	80	90	100	110	120	130	140	150	160	170	180	190	200	210	220	230	240	250	260	270	280	290	300
0.600		0.158	0.277	0.391	0.497	0.590	0.670	0.738	0.794	0.839	0.876	0.905	0.927	0.945	0.958	0.969	0.977	0.983	0.987	0.991	0.993	0.995	0.996	0.997	0.998	0.999	0.999	0.999	0.999	1.000	1.000
0.700		0.079	0.111	0.144	0.177	0.210	0.243	0.275	0.308	0.340	0.371	0.402	0.432	0.461	0.489	0.516	0.542	0.568	0.592	0.615	0.638	0.659	0.679	0.698	0.717	0.734	0.751	0.767	0.782	0.796	0.809

Power as a Function of Sample Size and Rate 1

Power as a Function of Sample Size and Rate 1

Rate 1
— 0.600
— 0.700

Number of Subjects Per Group

문제

※ 참조: McNemar 검정은 2×2의 대응되는(paired) 표본의 검정에 사용되는 교차분석 검정이다.

우울증을 앓고 있는 2개의 아동 집단이 있다고 할 때, 이들에게 2가지의 방법(표준방법-Standard, 신규 치료방법-New)을 이용하여 치료를 하였다. 이때 선행 연구에서,

- 2가지 방법 모두 효과가 있는 아동의 비율은 23%

- 표준방법은 효과가 있지만, 신규방법은 효과가 없는 아동의 비율은 21%

- 신규방법은 효과가 있지만, 표준방법은 효과가 없는 아동의 비율은 32%

- 2개 방법 모두 효과가 없는 아동은 24%로 나타났다.

이와 같은 결과를 예상하기 위한 검정력 80% 정도를 가질 수 있는 표본크기는 몇 명인가?(단, 유의수준 $\alpha = 0.05$)

생각해둡시다!

- 2×2 교차분석 중 대응되는 McNemar 검정의 경우이다.
- χ^2 통계량을 이용하는 교차분석의 특수한 형태(대응표본을 가지는)라고 생각을 하면 된다.
- 대응표본이므로, 2×2 교차표의 범주가 동일하다고 할 수 있다.

따라 하세요

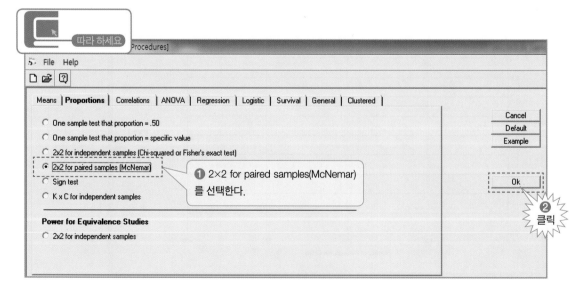

① 2×2 for paired samples(McNemar)를 선택한다.

② 클릭

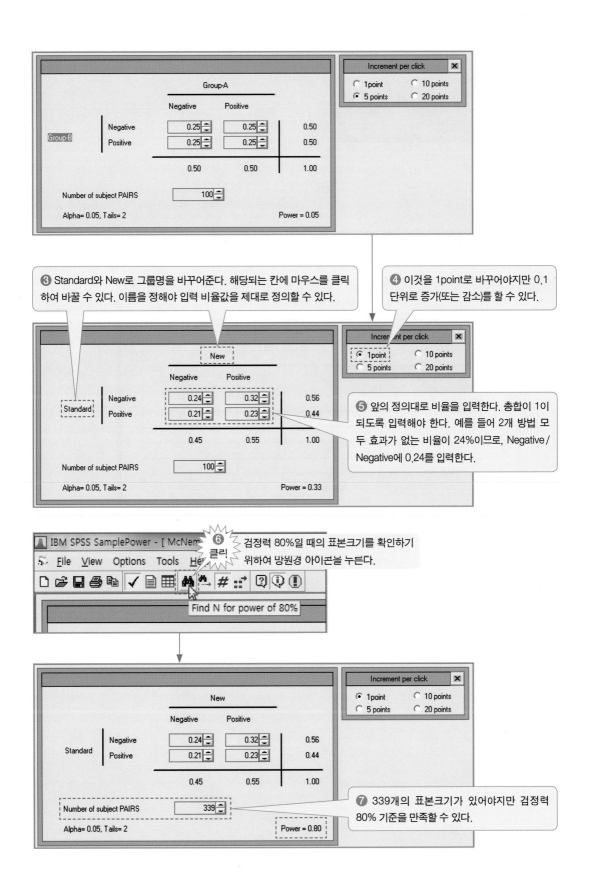

❸ Standard와 New로 그룹명을 바꾸어준다. 해당되는 칸에 마우스를 클릭하여 바꿀 수 있다. 이름을 정해야 입력 비율값을 제대로 정의할 수 있다.

❹ 이것을 1point로 바꾸어야만 0.1 단위로 증가(또는 감소)를 할 수 있다.

❺ 앞의 정의대로 비율을 입력한다. 총합이 1이 되도록 입력해야 한다. 예를 들어 2개 방법 모두 효과가 없는 비율이 24%이므로, Negative / Negative에 0.24를 입력한다.

❻ 클릭 검정력 80%일 때의 표본크기를 확인하기 위하여 망원경 아이콘을 누른다.

❼ 339개의 표본크기가 있어야만 검정력 80% 기준을 만족할 수 있다.

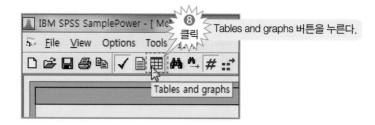

⑧ 클릭 Tables and graphs 버튼을 누른다.

⑨ 표본크기가 340명일 때 검정력이 80.1%임을 알 수 있다.

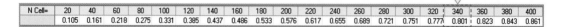

N Cell=	20	40	60	80	100	120	140	160	180	200	220	240	260	280	300	320	340	360	380	400
	0.105	0.161	0.218	0.275	0.331	0.385	0.437	0.486	0.533	0.576	0.617	0.655	0.689	0.721	0.751	0.777	0.801	0.823	0.843	0.861

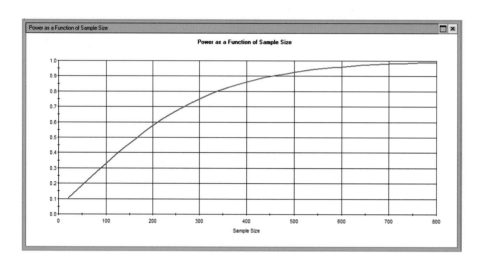

05 비율(Proportions) – Sign 검정(Sign Test)

문제

※ 참조: Sign 검정은 비모수(non-parametric) 검정의 하나로서, 실제 상호 배타적인 (Mutually Exclusive) 2개 그룹의 비율을 비교할 때 활용된다.

금번 S 대학병원 병원장에 2명의 후보(A 후보, B 후보)가 나왔다. 2명의 후보들 간에 예상되는 득표율은 대략 A 후보가 45% 정도 되고, B 후보가 55% 정도 된다. 실제 선거 전에 예비 조사를 위해서 위와 같은 일반적인 유사 조사의 결과에 신뢰를 주고자, 검정력 80%를 기준으로 했을 때, 적절한 표본수는 몇 명인가?(유의수준 $\alpha = 0.05$, 양측검정 기준)

생각해봅시다!

- 2명의 후보이므로, 비율의 정의상 한쪽 후보가 10%라면 나머지 후보는 90%인 상호배타적(mutual exclusive)인 형태의 비율비교이다.

- θ_1을 A 후보의 득표 비율, θ_2를 B 후보의 득표 비율이라고 할 때,

$$H_0: \theta_1 = \theta_2 \text{ (2개의 비율이 동일하다. 즉, 0.5 vs. 0.50이다.)}$$
$$H_1: \theta_1 \neq \theta_2 \text{ (2개의 비율이 동일하지 않다. → 양측검정)}$$

상호배타적인 2개의 비율 검정을 하므로, Sign 검정이 적합하다.

따라 하세요

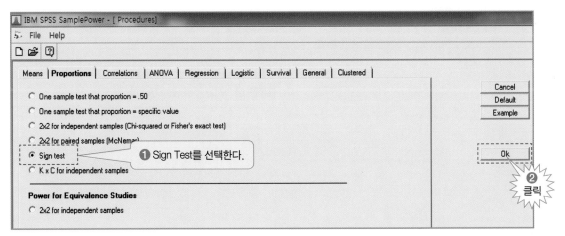

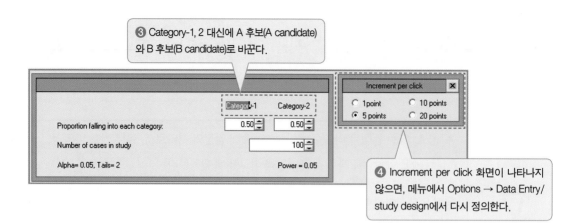

❸ Category-1, 2 대신에 A 후보(A candidate)와 B 후보(B candidate)로 바꾼다.

❹ Increment per click 화면이 나타나지 않으면, 메뉴에서 Options → Data Entry/ study design에서 다시 정의한다.

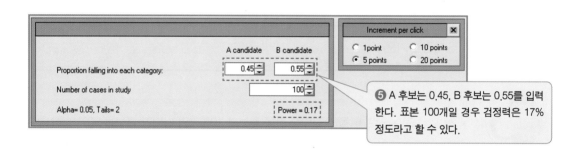

❺ A 후보는 0.45, B 후보는 0.55를 입력한다. 표본 100개일 경우 검정력은 17% 정도라고 할 수 있다.

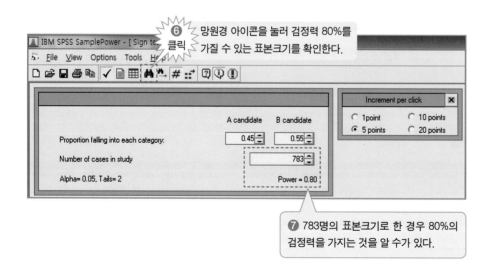

❻ 클릭 망원경 아이콘을 눌러 검정력 80%를 가질 수 있는 표본크기를 확인한다.

❼ 783명의 표본크기로 한 경우 80%의 검정력을 가지는 것을 알 수가 있다.

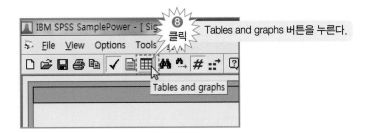

⑧ Tables and graphs 버튼을 누른다.

⑨ 표본크기가 800명 정도일 때 검정력이
80.9% 정도 되는 것을 알 수 있다.

N1=	50	100	150	200	250	300	350	400	450	500	550	600	650	700	750	800
	0.109	0.170	0.232	0.294	0.354	0.411	0.466	0.517	0.566	0.610	0.651	0.689	0.724	0.755	0.783	0.809

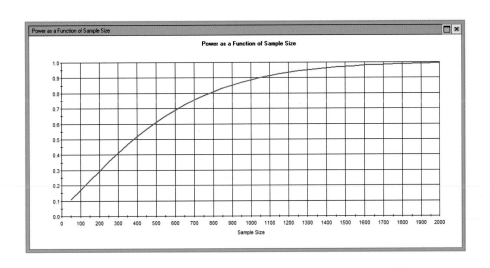

문제

당뇨병 환자에게 인슐린을 투여하는 방법이 3가지가 있다고 가정하자. → 1번: 인슐린 피하주사 방법, 2번: 인슐린 흡입제, 3번: 인슐린 피부 패치제. 이 3가지 방법을 사용하는 경우 당뇨병이 더 악화되거나, 기존과 동일하거나, 더 좋아지는 비율이 아래의 표와 같이 예상된다고 가정한다.

	악화	동일	호전
피하주사	30%	30%	40%
흡입제	40%	35%	25%
패치제	40%	30%	30%

그리고 실험 대상자 N명에서 그들의 비율을 피하주사 대상자를 35%, 흡입제 대상자를 35%, 패치제 대상자를 30% 정도 구할 수 있다고 가정한다. 이 경우 검정력 80%를 가지는 적절한 표본크기는 얼마인가?(단, 유의수준 $\alpha = 0.05$)

생각해봅시다!

- 3×3 교차분석이다. → χ^2-검정이 적용된다.(표본수가 적으면 Fisher's Exact test)
- 이 경우 효과크기 ω(omega)는 다음과 같은 관계를 가진다.

$$\chi^2\text{-값} = \omega^2 * \text{전체 표본수}$$

- χ^2의 효과크기 ω는 입력 방식이 기존 비율 검정과 많이 다르므로 주의한다.

따라 하세요

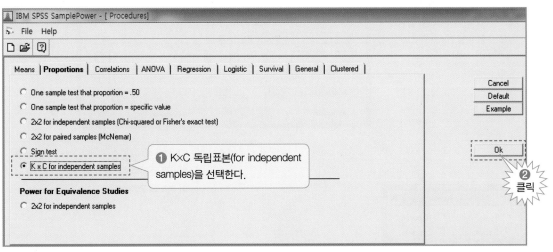

❶ K×C 독립표본(for independent samples)을 선택한다.

❷ 클릭

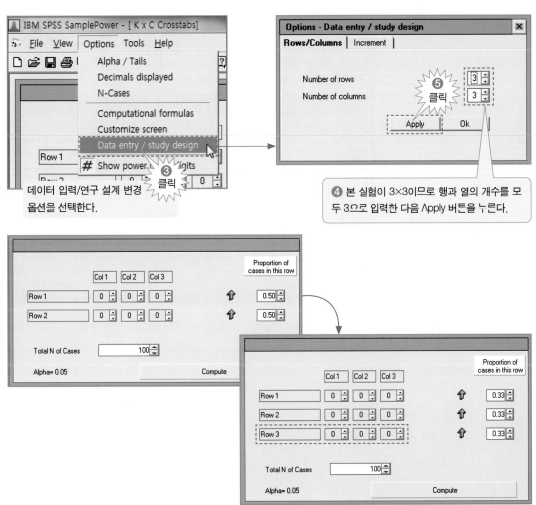

데이터 입력/연구 설계 변경 옵션을 선택한다.

❸ 클릭

❹ 본 실험이 3×3이므로 행과 열의 개수를 모두 3으로 입력한 다음 Apply 버튼을 누른다.

❺ 클릭

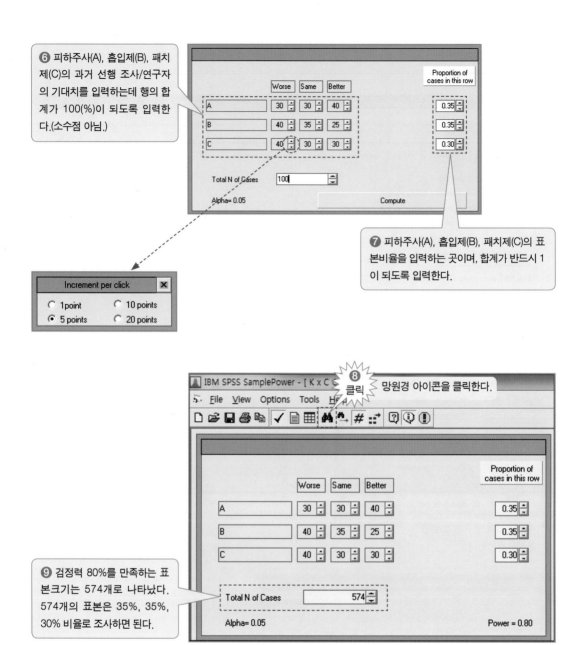

❻ 피하주사(A), 흡입제(B), 패치
제(C)의 과거 선행 조사/연구자
의 기대치를 입력하는데 행의 합
계가 100(%)이 되도록 입력한
다.(소수점 아님.)

❼ 피하주사(A), 흡입제(B), 패치제(C)의 표
본비율을 입력하는 곳이며, 합계가 반드시 1
이 되도록 입력한다.

❽ 클릭 망원경 아이콘을 클릭한다.

❾ 검정력 80%를 만족하는 표
본크기는 574개로 나타났다.
574개의 표본은 35%, 35%,
30% 비율로 조사하면 된다.

07 비율(Proportions) – 2개의 독립비율의 동등성

문제

통증(두통/치통/생리통) 치료제 P의 특허 만료로 인하여, 새로운 복제약 S가 나왔다. 기존 P의 약효는 약 50%였다. 그리고 새로운 복제약 S 또한 기존 약효 50%까지 효능이 나와주는 것을 목표로 한다. 그러나 국내 식약청의 기준에 의거하면 허용차이는 10%까지는 차이가 나도 약으로 효능을 인정해주는 규정이 있다고 가정할 때, 이 경우 검정력 80%를 만족하는 가장 적절한 표본크기는 얼마인가?(단, 유의수준 $\alpha = 0.05$)

생각해둡시다!

- 두 집단(통증 치료제 P와 S)에 따른 동등한 효과가 있는 것을 목적으로 하므로, 동등성 검정이다.

- θ_1을 통증 치료제 P(original 약)의 약효 비율, θ_2를 통증 치료제 S(복제약)의 약효 비율이라고 할 때,

$$H_0: \theta_1 - \theta_2 = -d$$
$$H_1: \theta_1 - \theta_2 \geq 0$$

- 허용차이는 10%, 동등성 검정은 기본적인 설정이 단측검정이므로 주의하도록 한다.

따라 하세요

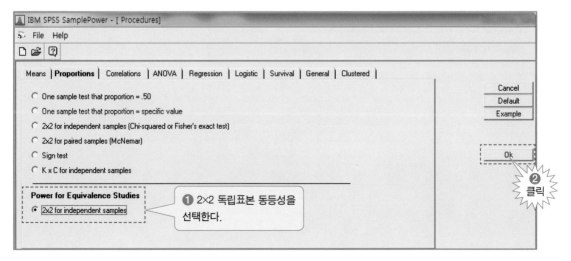

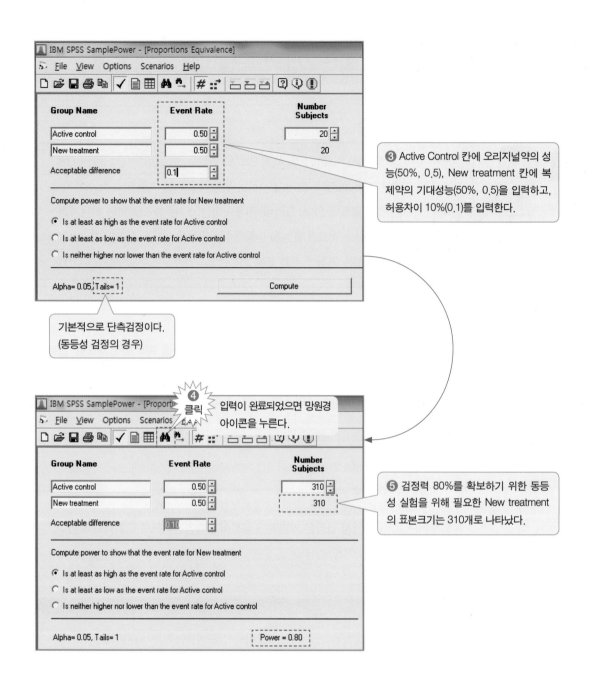

❸ Active Control 칸에 오리지널약의 성능(50%, 0.5), New treatment 칸에 복제약의 기대성능(50%, 0.5)을 입력하고, 허용차이 10%(0.1)를 입력한다.

기본적으로 단측검정이다.
(동등성 검정의 경우)

❹
클릭
입력이 완료되었으면 망원경 아이콘을 누른다.

❺ 검정력 80%를 확보하기 위한 동등성 실험을 위해 필요한 New treatment의 표본크기는 310개로 나타났다.

4장

상관분석에서
최적 표본크기 산출하기

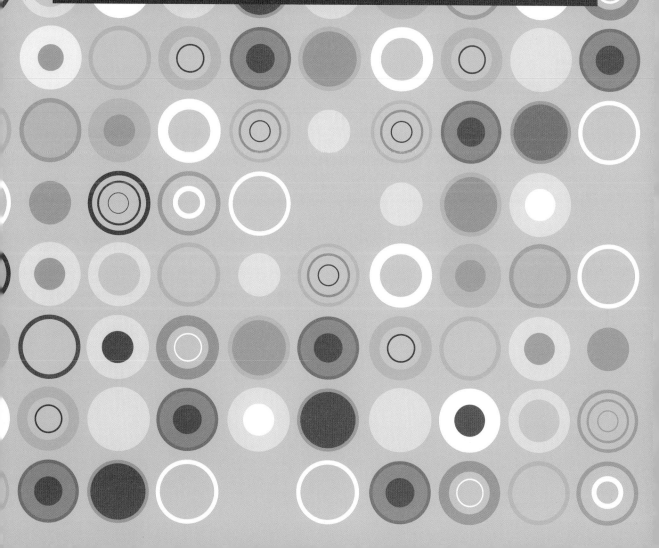

01 상관분석(Correlations) – 일표본 상관계수 검정

문제

산모의 직/간접 흡연량과 자녀의 IQ 간의 상관관계를 보는 실험을 계획 중이다. 현재는 관계를 모르기 때문에 흡연량과 IQ는 무관하다는 설정에서, 연구자는 상관관계가 약 0.55 정도 있을 것으로 예상하고 있다. 이때 검정력 80%를 만족시키는 표본크기는 얼마인가?(단, 유의수준 $\alpha = 0.05$)

생각해봅시다!

- 1개 표본에 대한 상관계수(ρ: rho)를 검정하는 부분이다.

$$H_0: \rho = 0$$
$$H_1: \rho > 0$$

- 위의 가설을 보면 기본적으로 단측검정(1-tailed)이다.

따라 하세요

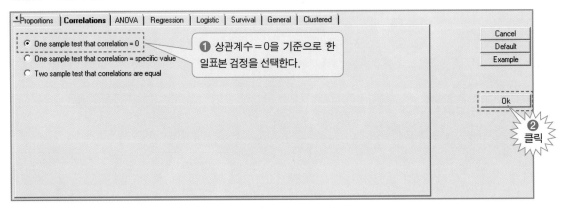

❶ 상관계수 = 0을 기준으로 한 일표본 검정을 선택한다.

❷ 클릭

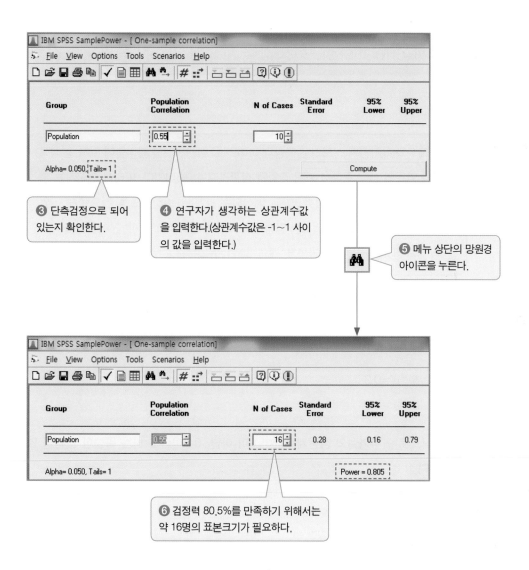

❸ 단측검정으로 되어
있는지 확인한다.

❹ 연구자가 생각하는 상관계수값
을 입력한다.(상관계수값은 -1~1 사이
의 값을 입력한다.)

❺ 메뉴 상단의 망원경
아이콘을 누른다.

❻ 검정력 80.5%를 만족하기 위해서는
약 16명의 표본크기가 필요하다.

문제

앞의 예제와 유사하게 산모의 흡연량과 아이의 IQ 상관관계를 파악함에 있어, 상식적이거나 기존의 연구 중에서 가장 작았던 상관관계가 0.3이었다. 따라서 연구자는 본 연구에서 최소의 상관관계는 0.3이고, 예상되는 관계는 0.55 정도 될 것으로 보고 있다. 이 정도의 결과 도출에 필요한 검정력을 80% 수준이라고 할 때, 단측검정을 가정한 경우에 필요한 표본의 크기는 몇 개인가?(단, 유의수준 $\alpha = 0.05$)

생각해둡시다!

- 1개 표본에 대한 상관계수(ρ: rho)를 검정하는 부분이다.

$$H_0: \rho = 0.3$$
$$H_1: \rho > 0.3$$

- 기본적으로 귀무가설의 상관계수값이 0이 아닌, 0.3이라고 하는 특정한 값임을 알 수 있다.

따라 하세요

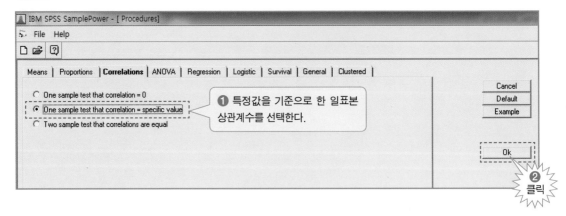

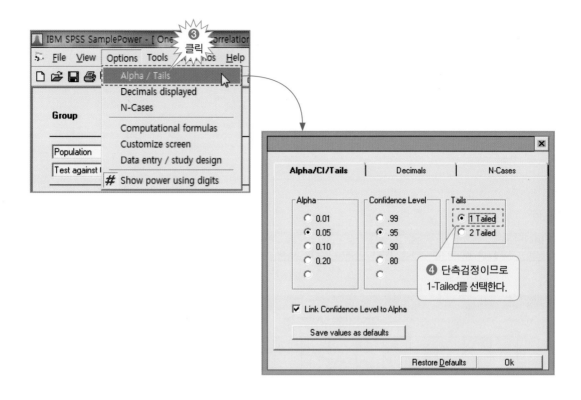

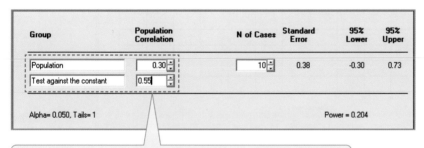

⑤ Population에 기본적으로 생각하는 상관계수값 0.3을 입력한다. 또한 사용자가 예상하는 상관계수값을 Test against the constant 칸에 0.55라고 입력한다.

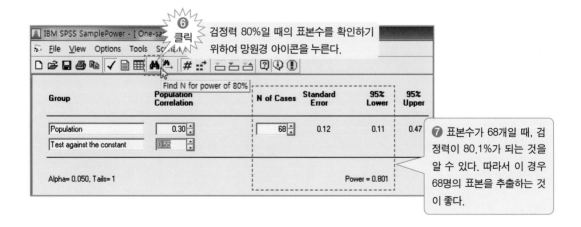

⑥ 검정력 80%일 때의 표본수를 확인하기 위하여 망원경 아이콘을 누른다.

⑦ 표본수가 68개일 때, 검정력이 80.1%가 되는 것을 알 수 있다. 따라서 이 경우 68명의 표본을 추출하는 것이 좋다.

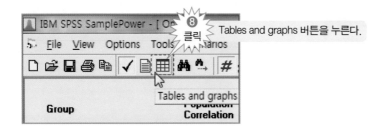

⑧ 클릭 Tables and graphs 버튼을 누른다.

⑨ 표본수가 70명 정도일 때, 검정력이 81.1% 정도 되는 것을 알 수 있다.

N1=	10	15	20	25	30	35	40	45	50	55	60	65	70	75	80	85
	0.204	0.283	0.355	0.422	0.484	0.541	0.592	0.639	0.682	0.720	0.754	0.784	0.811	0.835	0.857	0.875

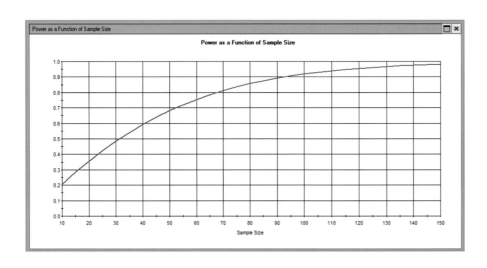

03 상관분석(Correlations) – 이표본 상관계수 검정

SPSS Korea의 직무능력 시험이 있는데, 직무능력과 시험 성적과의 상관성을 검정하고자 한다. 그러나 본 시험 문제의 경우 성별(남/여)에 따라서 직무능력과 시험 성적의 상관성이 다를 수 있고, 여성이 약간 더 유리할 수 있다. 과거 조사 시에는 남성 0.4, 여성 0.6 정도였다. 만약 이와 같은 경우가 계속된다면 본 시험을 사용하지 않을 예정이다. 이런 경우를 파악하기 위한 조사를 80% 검정력을 가지도록 하는 적절한 표본 크기는 얼마인가?(단, 유의수준 $\alpha = 0.05$)

- 2개 표본에 대한 상관계수(ρ: rho)를 검정하는 부분이다.(여기서 ρ_1은 남성 집단의 상관계수, ρ_2는 여성 집단의 상관계수를 의미한다.)

$$H_0: \rho_1 = \rho_2$$
$$H_1: \rho_1 < \rho_2$$

- 위의 가설을 보면 기본적으로 단측검정(1-tailed)이다.

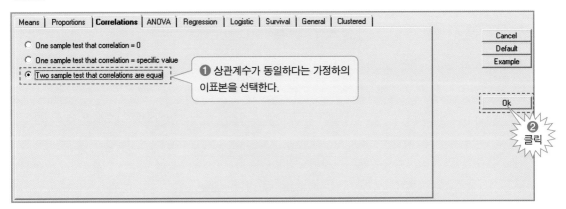

① 상관계수가 동일하다는 가정하의 이표본을 선택한다.

② 클릭

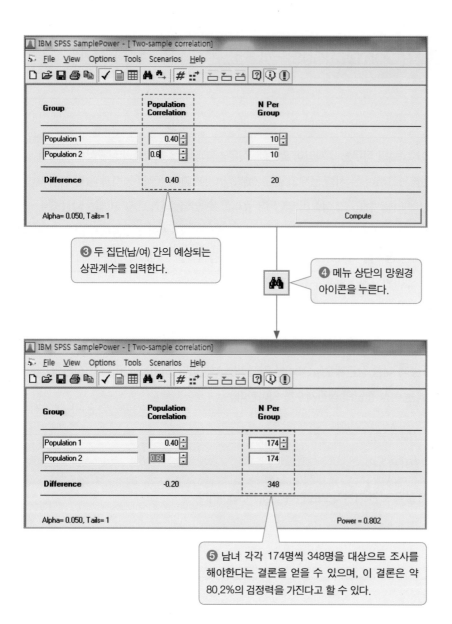

❸ 두 집단(남/여) 간의 예상되는 상관계수를 입력한다.

❹ 메뉴 상단의 망원경 아이콘을 누른다.

❺ 남녀 각각 174명씩 348명을 대상으로 조사를 해야한다는 결론을 얻을 수 있으며, 이 결론은 약 80.2%의 검정력을 가진다고 할 수 있다.

5장

분산분석과 공분산분석에서
최적 표본크기 산출하기

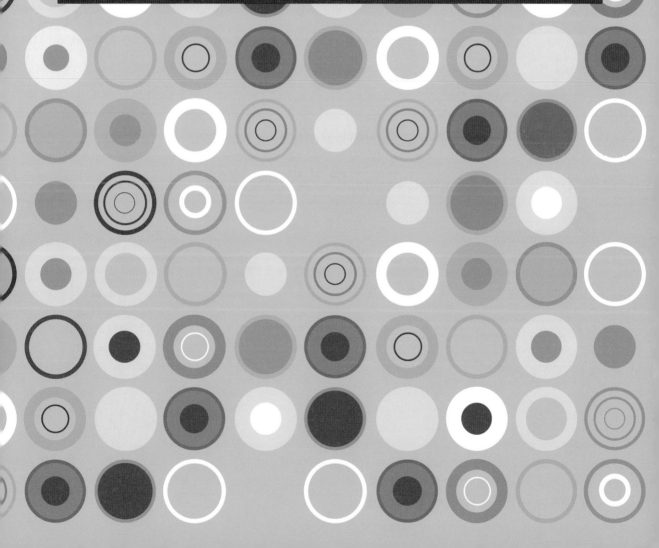

01 ANOVA/ANCOVA – 1-WAY ANOVA

S 대학교 학생들의 교내시설 만족도를 조사하고자 한다. S 대학교는 의과대학, 치과대학, 간호대학으로 구성되어 있으며, 3개의 단과대학별로 교내시설 만족도가 다를 것으로 예상된다. 이들 3개 집단 간의 분산(Variance)은 2,105이고(표준편차는 약 45.88), 선행 연구를 통해서 만족도(100점 만점) 평균은 의과대학 75.67, 치과대학 79.34, 간호대학 84.46으로 예상을 하고 있다. 검정력 80% 기준을 만족하는 적절한 표본크기는 얼마인가?(단, 유의수준 $\alpha = 0.05$)

- 3개 집단의 평균비교이므로 ANOVA(일원배치 분산분석, 1-WAY ANOVA)의 경우에 해당된다.

- μ_1은 의과대학 만족도 평균, μ_2는 치과대학 만족도 평균, μ_3는 간호대학 만족도 평균이라 할 때,

$$H_0: \mu_1 = \mu_2 = \mu_3$$

$$H_1: \text{not } H_0$$

- ANOVA의 경우 F-검정을 사용하므로 양측/단측의 개념이 없다.

$$F = \frac{SS_{between}/(k-1)}{SS_{within}/k(n-1)} \sim F(k-1, k(n-1))$$

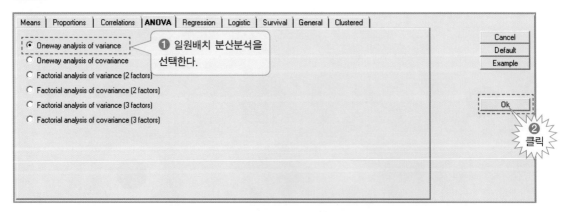

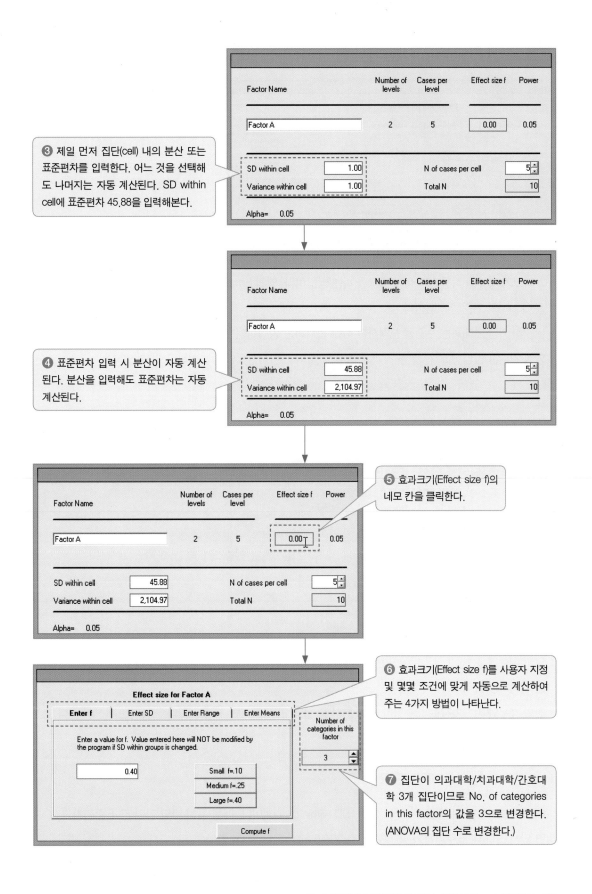

❸ 제일 먼저 집단(cell) 내의 분산 또는 표준편차를 입력한다. 어느 것을 선택해도 나머지는 자동 계산된다. SD within cell에 표준편차 45.88을 입력해본다.

❹ 표준편차 입력 시 분산이 자동 계산된다. 분산을 입력해도 표준편차는 자동 계산된다.

❺ 효과크기(Effect size f)의 네모 칸을 클릭한다.

❻ 효과크기(Effect size f)를 사용자 지정 및 몇몇 조건에 맞게 자동으로 계산하여 주는 4가지 방법이 나타난다.

❼ 집단이 의과대학/치과대학/간호대학 3개 집단이므로 No. of categories in this factor의 값을 3으로 변경한다. (ANOVA의 집단 수로 변경한다.)

● 효과크기(Effect size) 계산 방법 #1 – 사용자가 직접 넣는 방법

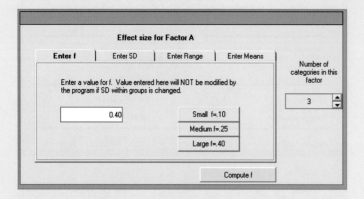

- 효과크기 자체를 사용자가 직접 입력을 하는 방법이다. 옆의 Small f = .10 / Medium f = .25 / Large f = .40 은 Cohen의 기준을 의미한다.
- 본인이 가장 기대하는 수준을 선택하여 직접 입력하는 방식이다.
- 가장 간단한 방법이고, 선행 연구/과거 조사 등을 이용한 직관적인 방법이라고 할 수 있다.

● 효과크기(Effect size) 계산 방법 #2 – 집단 간 표준편차 또는 분산을 입력하는 방법

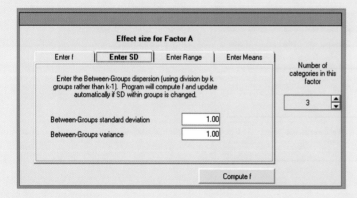

- 앞의 메뉴에서는 집단 내 분산(또는 표준편차)을 입력하는 것이라면, 여기서 집단 간 분산(또는 표준편차) 을 입력하는 방식이다.
- 앞의 경우와 마찬가지로 표준편차 또는 분산 중 한 개만 입력하면 자동으로 다른 하나는 계산이 된다.

　　　참고) 집단 간: between groups

　　　　　집단 내: within groups

이때의 효과크기는 SD Between groups / SD within groups이다. 예를 들어 만약 집단 간 표준편차가 20이 라면 앞서 집단 내 표준편차가 45.88이므로 20/45.88 = 0.43592가 된다.

● 효과크기(Effect size) 계산 방법 #3 – 그룹 평균 범위(Range)를 입력하는 방법

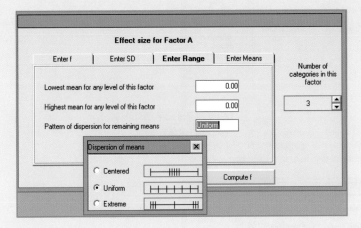

- 그룹 내의 가장 작은 평균을 가지는 값과 가장 높은 평균을 가지는 값을 입력한다.(본 예제에서는 의과대학 75.67과 간호대학 84.46이라고 할 수 있다.)
- 3개 그룹 이상인 경우 중간의 평균값들이 양 극단값(최대, 최소 평균값)을 기준으로 중간에 모여 있으면 Centered, 고르게 퍼져 있으면 Uniform, 그리고 양 극단값을 기준으로 양쪽으로 몰려 있으면 Extreme을 선택한다.

● 효과크기(Effect size) 계산 방법 #4 – 집단별 평균값을 입력하는 방법

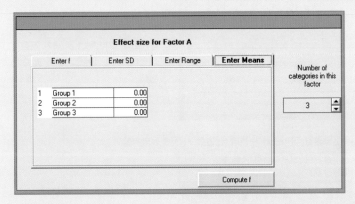

- 해당 집단의 평균 추정치(또는 기대치)를 입력하는 방법이다. 그룹별(집단별) 평균값을 있는 그대로 입력하면 되는 방식으로, 이해도가 가장 높아서 널리 사용되어지는 방법이다.
- 참고로 집단 간 분산(표준편차) 입력 방법, 그룹 평균 범위 입력 방법, 집단별 평균값을 입력하는 방법은 모두 같은 방법으로 계산되어지므로, 어느 것을 선택하든 효과크기 결과는 거의 유사하다.
→ 본 사례에서는 4번째 집단별 평균값을 입력하는 방법을 선택하여 진행한다.

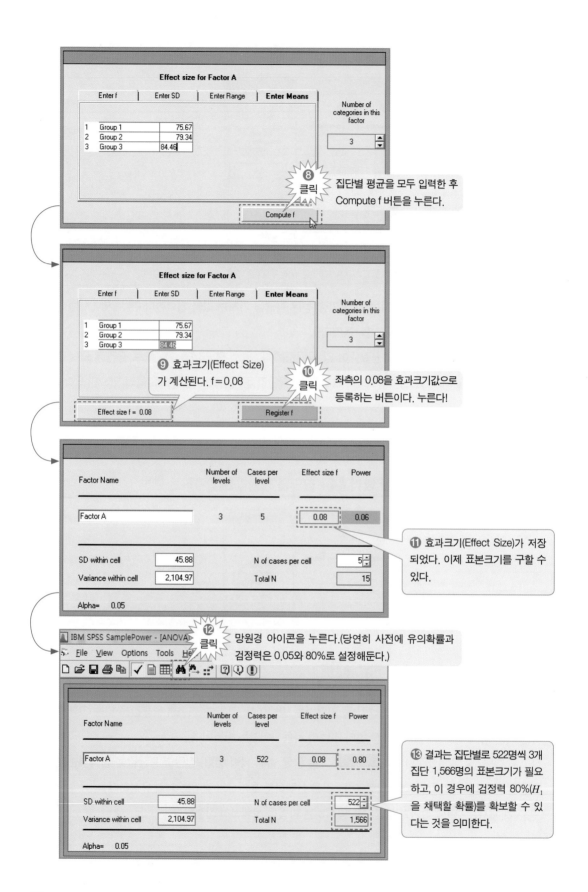

Effect size for Factor A

| Enter f | Enter SD | Enter Range | **Enter Means** |

1	Group 1	75.67
2	Group 2	79.34
3	Group 3	84.46

Number of categories in this factor

3

⑧ 클릭 집단별 평균을 모두 입력한 후 Compute f 버튼을 누른다.

Compute f

Effect size for Factor A

| Enter f | Enter SD | Enter Range | **Enter Means** |

1	Group 1	75.67
2	Group 2	79.34
3	Group 3	84.46

Number of categories in this factor

3

⑨ 효과크기(Effect Size)가 계산된다. f = 0.08

⑩ 클릭 좌측의 0.08을 효과크기값으로 등록하는 버튼이다. 누른다!

Effect size f = 0.08   Register f

Factor Name	Number of levels	Cases per level	Effect size f	Power
Factor A	3	5	0.08	0.06

SD within cell	45.88	N of cases per cell	5
Variance within cell	2,104.97	Total N	15

Alpha= 0.05

⑪ 효과크기(Effect Size)가 저장되었다. 이제 표본크기를 구할 수 있다.

IBM SPSS SamplePower - [ANOVA]
File View Options Tools He

⑫ 클릭 망원경 아이콘을 누른다.(당연히 사전에 유의확률과 검정력은 0.05와 80%로 설정해둔다.)

Factor Name	Number of levels	Cases per level	Effect size f	Power
Factor A	3	522	0.08	0.80

SD within cell	45.88	N of cases per cell	522
Variance within cell	2,104.97	Total N	1,566

Alpha= 0.05

⑬ 결과는 집단별로 522명씩 3개 집단 1,566명의 표본크기가 필요하고, 이 경우에 검정력 80%(H_1을 채택할 확률)를 확보할 수 있다는 것을 의미한다.

N Cell=	50	100	150	200	250	300	350	400	450	500	550	600	650	700	750	800	850	900	950	1000	1050	1100	1150	1200
	0.124	0.210	0.298	0.386	0.470	0.548	0.618	0.681	0.735	0.782	0.822	0.856	0.884	0.907	0.926	0.941	0.953	0.963	0.971	0.978	0.983	0.987	0.990	0.992

⑭ 본 표는 1개 집단별 표본수에 따른 검정력을 보여주고 있다. 만약 집단별 300개씩 총 900 개의 표본(Sample)을 수집하여 조사하는 경우 H_1이 채택될 확률이 54.8% 정도 된다는 의미이다.

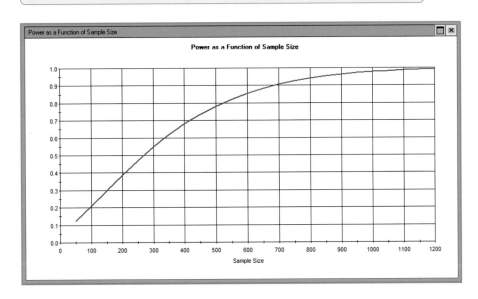

참고

SD within cell 값을 어떻게 추정할까?

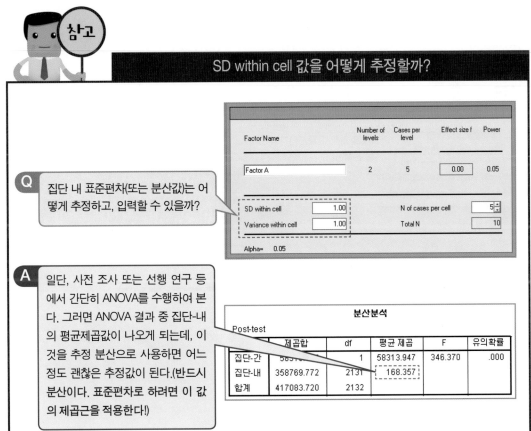

Q 집단 내 표준편차(또는 분산값)는 어 떻게 추정하고, 입력할 수 있을까?

Factor Name		Number of levels	Cases per level	Effect size f	Power
Factor A		2	5	0.00	0.05

SD within cell	1.00	N of cases per cell	5
Variance within cell	1.00	Total N	10

Alpha= 0.05

A 일단, 사전 조사 또는 선행 연구 등 에서 간단히 ANOVA를 수행하여 본 다. 그러면 ANOVA 결과 중 집단-내 의 평균제곱값이 나오게 되는데, 이 것을 추정 분산으로 사용하면 어느 정도 괜찮은 추정값이 된다.(반드시 분산이다. 표준편차로 하려면 이 값 의 제곱근을 적용한다!)

분산분석

Post-test

	제곱합	df	평균 제곱	F	유의확률
집단-간	58313...	1	58313.947	346.370	.000
집단-내	358769.772	2131	168.357		
합계	417083.720	2132			

02 ANOVA/ANCOVA – 1-WAY ANCOVA

앞의 일원배치 분산분석(1-WAY ANOVA)의 문제에서 공변량(Covariate)을 하나 추가하여 공분산분석을 수행하고자 한다. 공변량은 실험 대상자 학생들(의과대, 치과대, 간호대)의 연령이다. 사전 조사(또는 선행 연구, 연구자의 기대수준)에 의하면 학생들의 연령은 학교시설 만족도의 약 40%를 설명한다고 알려져 있다. 이 경우 검정력 80%를 만족시키는 적절한 표본크기는 얼마인가?(단, 유의수준 $\alpha = 0.05$)

- 3개 집단의 평균에 있어서, 연령이라고 하는 공변량이 추가되었으므로, 공분산분석(ANCOVA)에 해당된다.
- 기본적으로 앞의 ANOVA 과정과 거의 동일하며, 다만 공변량의 수와 공변량이 미치는 영향(정확하게는 공변량으로 인하여 변동되는 분산의 양) 정도만 추가로 입력하면 된다.

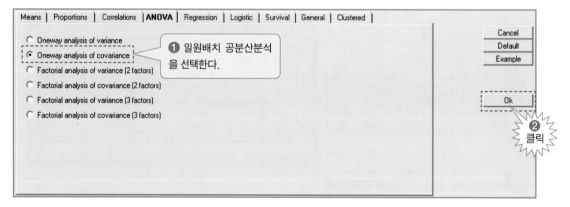

※ SD within cell 값과 Effect size f 값을 산출하는 것은 앞의 ANOVA와 동일하게 작업한다.

⑤ 여기는 바로 공변량으로 보정을 했을 때의 검정력을 입력하는 곳이다.(0~1 사이의 값을 입력한다.) 80%의 검정력이므로 0.8을 입력한다.

❸ Number of covariates는 공변량의 개수를 입력한다. 연령 하나이므로 1을 입력한다. 아래의 R-Squared for covariates는 공변량이 ANOVA의 종속변수인 시설 만족도에 미치는 영향력(설명력) 값인 40%, 즉 0.4를 입력한다.

❹ 여기의 Power(검정력)는 ANOVA 기준의 검정력을 입력하는 곳이다. 이곳에서는 사용하지 않는다.

⑥ 클릭 해당되는 값을 전부 입력 후 망원경 아이콘을 누른다.

❼ 각 집단별로 314개의 표본크기가 필요하고 총 942개의 표본이 필요하다. ➡ 일반적으로 공변량이 있으면 오차항이 줄어들고, 효과크기가 커진다.

문제

근래 유행하는 간헐적 단식이 체내의 체지방에 어떤 변화를 주는지에 대해 연구를 하고자 한다. 본 연구에서 고려할 사항은 환자(조사 대상자)의 "현재 체중상태"(3수준: 과체중/정상/저체중)와 1개월 동안의 "간헐적 단식 수"(4수준: 1회/2회/3회/4회 이상)이다. 이때 주요 관심 사항은 "간헐적 단식 수"의 효과크기와 "현재 체중상태"와 "간헐적 단식 수"의 상호작용이다. 또한 모든 효과크기(Effect size)는 Cohen의 기준에 맞추어 Medium=0.25로 가정하며, SD whithin Cell은 10이라고 가정한다. 이때 본 기준에서 상호작용의 검정력이 80% 이상이고, 주요 관심 사항인 간헐적 단식 수의 효과크기 또한 80% 이상이 될 수 있는 적절한 표본크기는 얼마인가?(단, 유의수준 $\alpha = 0.05$)

생각해둡시다!

- 1집단(3수준)과 2집단(4수준) 그리고 1집단과 2집단의 상호작용을 파악하기 위한 평균 비교이므로 2way-ANOVA(이원배치 분산분석)의 경우에 해당된다.

- 집단 내 표준편차(SD whitin Cell)의 경우 각 집단별 평균 집단 내 표준편차를 가정하여 입력한다.

- 가장 중요한 것 중 하나는 이원배치 분산분석부터는 검정력 80%를 동시에 똑같이 맞출 수 없기 때문에, 분석자가 사전에 정의한 중요한 순서대로 맞추어 나가야 한다.

따라 하세요

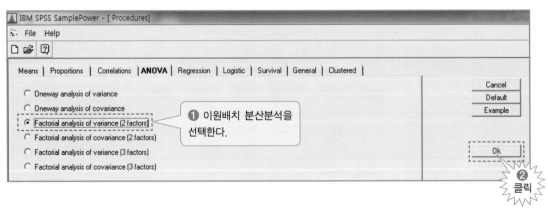

❸ 요인(Factor)명을 변경한다. 요인명을 변경하면 자동으로 상호작용항도 이름이 변경된다.

Factor Name	Number of levels	Cases per level	Effect size f	Power
Weight	2	10	0.00	0.05
Abstinence	2	10	0.00	0.05
Weight x Abstinence			0.00	0.05

SD within cell	1.00	N of cases per cell	5
Variance within cell	1.00	Total N	20

Alpha= 0.05

❹ SD within cell에 표준편차값 10을 입력한다. 아래의 분산(Variance within cell)은 자동으로 제곱되어 계산된다($10^2 = 100$).

Factor Name	Number of levels	Cases per level	Effect size f	Power
Weight	2	10	0.00	0.05
Abstinence	2	10	0.00	0.05
Weight x Abstinence			0.00	0.05

SD within cell	10.00	N of cases per cell	5
Variance within cell	100.00	Total N	20

Alpha= 0.05

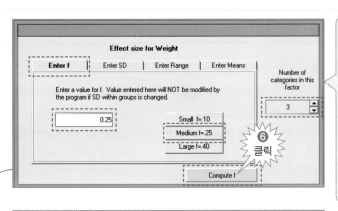

❺ 앞의 예제에서 보았듯이 4개의 효과크기(Effect size) 방법 중 가장 간단한 효과크기 직접 입력법을 선택한다. 본 예제에서는 Cohen의 권장에 따라서 Medium 값인 =0,25를 선택한다. 또한 체중(Welght)의 경우 수준의 수가 3개(저체중, 정상, 고체중)이므로 Number of categories in this factor를 3으로 수정한다. 다음 아래의 노란색 Compute f 버튼을 누른다.

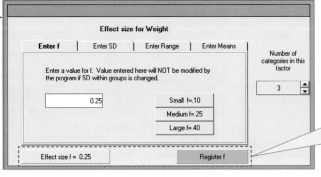

❼ 입력한 대로 Effect size f = 0,25로 나타난다. 이것을 최종 등록한다. Register f 버튼을 누른다.

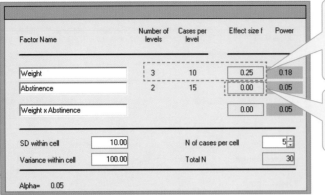

⑧ 다시 앞의 Main 화면이 나타난다. Number of levels(수준의 수)가 3으로 바뀌고 Effect size f가 0.25로 바뀐 것을 알수 있다.

⑨ 간헐적 단식 수의 Effect size와 수준 수를 입력하기 위하여 이 부분을 더블클릭(Double Click)한다.

⑩ 간헐적 단식 수의 수준 수를 4로 고치고 Effect size 또한 동일하게 0.25로 정의한 다음 Register f 버튼을 누른다.

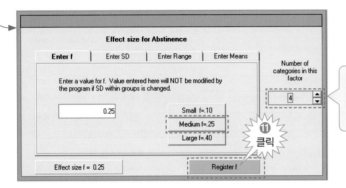

⑫ 다시 앞의 Main 화면이 나타난다. 간헐적 단식 수(Abstinence) Number of levels(수준의 수)가 4로 바뀌고 Effect size f가 0.25로 바뀐 것을 알 수 있다.

⑬ Weight와 Abstinence의 상호작용항의 Effect size 값을 입력하기 위하여 이곳을 더블클릭(Double Click)한다.

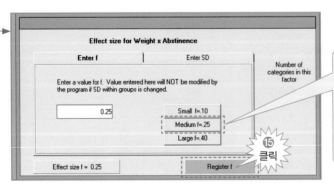

⑭ 상호작용 또한 중간 정도의 Effect size라는 가정으로 0.25를 선택한다. 상호작용은 수준 수(number of levels)가 없으므로 이에 대한 지정은 하지 않는다. Register f 버튼을 눌러 최종 등록한다.

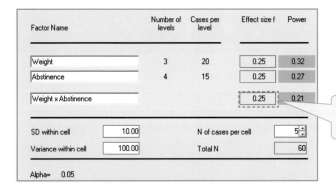

⑯ Weight와 Abstinence의 상호작용항의 Effect size f 값이 0.25로 등록된 것을 알 수 있다.

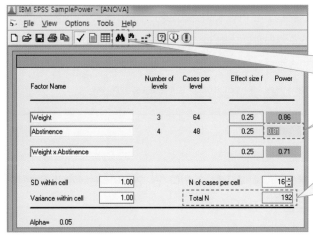

⑰ 현재 가장 중요한 것은 간헐적 단식 수의 검정력이 80%가 되도록 표본수를 추출하는 것인 만큼 Power에 마우스 커서를 대고(Cell이 노란색으로 바뀐다) 망원경 아이콘을 눌러, 적절한 표본수를 산출한다.

⑱ 최종적으로 192개의 표본수를 추출하는 것이 간헐적 단식 수(Abstinence)의 검정력을 80% 이상으로 하는 표본수임을 알 수 있다. 상호작용이나 Weight의 검정력이 80%를 만족하는 표본수도 따로 계산할 수 있다.

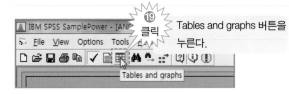

⑲ 클릭 Tables and graphs 버튼을 누른다.

⑳ Cell당 표본수가 16개일 때 간헐적 단식 수(Abstinence)의 검정력이 80% 이상이 됨을 알 수 있다.

Effect	N Cell=	10	12	14	16	18	20	22	24	26	28	30
Weight		0.638	0.732	0.805	0.861	0.902	0.932	0.954	0.969	0.979	0.986	0.991
Abstinence		0.572	0.669	0.749	0.814	0.864	0.902	0.930	0.951	0.966	0.977	0.984
Weight x Abstinence		0.454	0.548	0.633	0.707	0.770	0.822	0.864	0.897	0.924	0.944	0.959

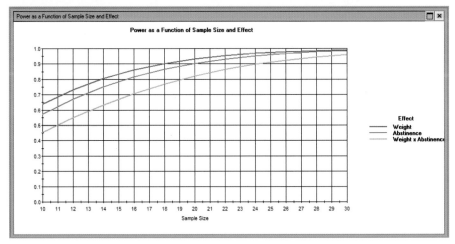

04 | ANOVA/ANCOVA – 2-WAY ANCOVA

앞의 예제와 연속선상에서 간헐적 단식과 체중 수준(저체중, 정상, 고체중)과 이들의 상호작용 이외에 본 이원배치 분산분석에서 공변량으로 영향을 주는 요소로 연령(age)이 있다고 가정한다. 이 공변량(Covariate)이 이원배치 분산분석에 영향을 미치는 설명력은 0.3 정도로 알려져 있다. 이와 같이 공변량인 연령이 포함된 이원배치 공분산분석(2-way ANCOVA)을 수행하고자 할 때, 앞의 예제와는 달리 이 경우에는 간헐적 단식과 체중 수준의 교호작용이 관심이 있다. 이 교호작용(상호작용)의 검정력이 80% 이상 되는 적합한 표본크기는 몇 개인가?(단, 유의수준 $\alpha = 0.05$)

- 앞의 예제와 거의 모든 부분이 동일하다고 할 수 있다. 단, 연령이라는 1개의 공변량이 추가되어 공분산분석을 수행한다는 점이 다르다.

- 공분산분석이 적용되는 공변량이 들어갈 때, 무엇보다 공변량과 그룹 간의 설명력을 0~1 사이 값으로 정의해야 하는 것을 주의한다.

- 본 이원배치 공분산분석 또한 이원배치 분산분석과 동일하게, 검정력 80%를 동시에 똑같이 맞출 수 없기 때문에 분석자가 관심 있는 중요한 순서대로 맞추어 나가야 한다.(본 예제는 교호작용항이다.)

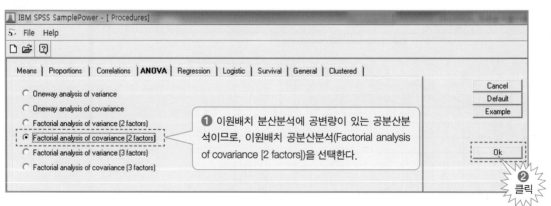

❶ 이원배치 분산분석에 공변량이 있는 공분산분석이므로, 이원배치 공분산분석(Factorial analysis of covariance [2 factors])을 선택한다.

❷ 클릭

❸ 앞의 예제와 동일하게 Factor Name을 변경한다.

❹ 앞의 예제와 동일하게 Effect size를 0.25로 지정하고, 수준 수 또한 체중(Weight)은 3수준, 간헐적 단식 수(Abstinence)는 4로 지정한다.(앞의 예제와 동일하다.)

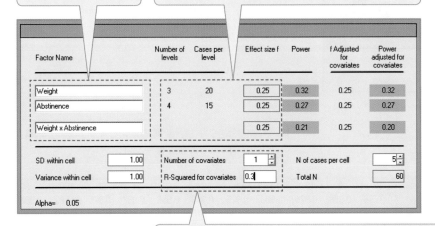

❺ 이 부분이 앞부분과 다르다. Number of covariates(공변량의 수)는 연령 하나이기 때문에 1을 입력한다. 또한 이 공변량에 대한 R-Sqaured for covariates의 값에는 이 공변량이 설명하는 설명력 값 0.3을 입력한다.(이는 사전 연구 등을 통해 파악한다.)

❻ 교호작용항이 가장 관심이 있으므로, 교호작용에 마우스 커서(cursor)를 대고 망원경 아이콘을 눌러 검정력이 80% 이상이 되도록 계산을 한다. 주의해야 할 사항은 상호작용항의 Power는 누적을 이용해야 한다는 것이다. Weight나 Abstinence의 검정력(Power)도 변화되는 것을 알 수 있다.

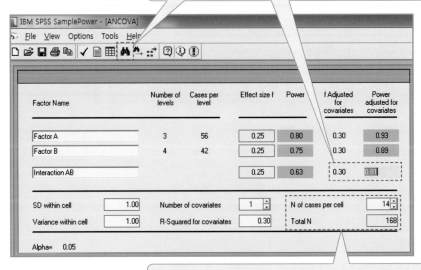

❼ 상호(교호)작용항이 검정력 80% 이상이 되도록 하는 표본수는 총 168개임을 알 수 있다. 여기서 N of cases per cell에서 14는 cell당 14개의 표본이 필요하다는 뜻이다. 또한 Total N 은 Weight의 수준 수 3개와 Abstinence의 수준 수 4개를 곱한(3×4 = 12) 12개의 cell과 N of cases per cell의 14를 곱한 것이 된다(14 ×12 = 168).

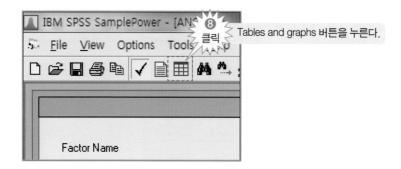

⑧ 클릭 Tables and graphs 버튼을 누른다.

⑨ Cell당 표본수가 14개일 때 간헐적 단식 수(Abstinence)의 검정력이 80% 이상이 됨을 알 수 있다.

Effect	N Cell=	10	11	12	13	14	15	16	17	18	19	20
Weight		0.796	0.839	0.874	0.903	0.925	0.943	0.956	0.967	0.975	0.982	0.986
Abstinence		0.740	0.789	0.830	0.864	0.892	0.915	0.934	0.949	0.960	0.970	0.977
Weight x Abstinence		0.623	0.678	0.727	0.771	0.809	0.842	0.870	0.894	0.914	0.930	0.944

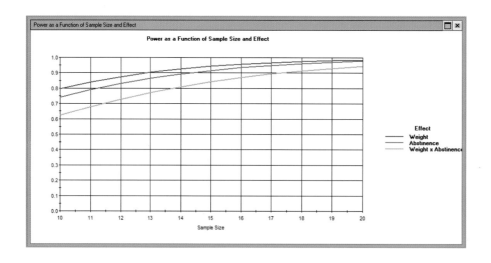

문제

앞의 2-way ANOVA 예제를 확장하여, 간헐적 단식이 체내의 체지방에 어떤 변화를 주는지 연구를 할 때, 고려 사항이 조사 대상자의 현재 체중상태(3수준: 과체중/정상/저체중), 1개월 동안의 간헐적 단식 수(4수준: 1회/2회/3회/4회 이상)에 추가적으로 연령대(3수준: 30대 이하/40~50대/60대 이상)라는 요소(Factor)가 추가되었다. 이때 앞의 예제와 동일하게 간헐적 단식이 체내의 체지방에 어떤 변화를 주는지 연구를 하고자 하며, 본 연구에서 고려할 사항은 환자(조사 대상자)의 "현재 체중상태"와 1개월 동안의 "간헐적 단식 수" 그리고 "연령대"이다. 각 요소 간에 발생하는 상호작용의 효과크기는 Cohen 기준의 0.25(medium)라는 가정하에, SD whithin Cell은 10이라고 한다. 이때 본 기준에서 모든 상호작용의 검정력이 80% 이상이고, 또한 주요 관심 사항인 간헐적 단식 수의 효과크기 또한 80% 이상이 될 수 있는 적절한 표본크기는 얼마인가?(단, 유의수준 $\alpha = 0.05$)

생각해둡시다!

- 앞의 예제에서 요인이 2개에서 연령대가 추가되어 3개로 된 것에 주의한다.
- 무엇보다 요인 수가 2개에서 3개로 증가하면, 상호작용 수도 1개에서 4개(2개의 요인들 간의 상호작용 3개와 3개 모두의 상호작용 1개)로 증가한다.(일반적으로 상호작용의 효과크기는 알기 어려우므로 Cohen의 기준을 이용한다.)
- 이원배치 분산분석과 동일하게, 모든 검정력 80%를 동시에 똑같이 맞출 수 없기 때문에 분석자가 사전에 정의한 중요한 순서대로 맞추어 나가야 한다.

따라 하세요

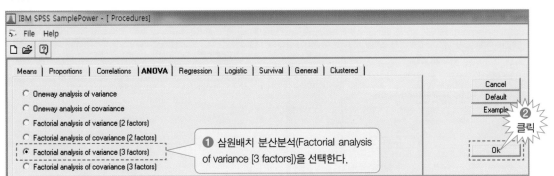

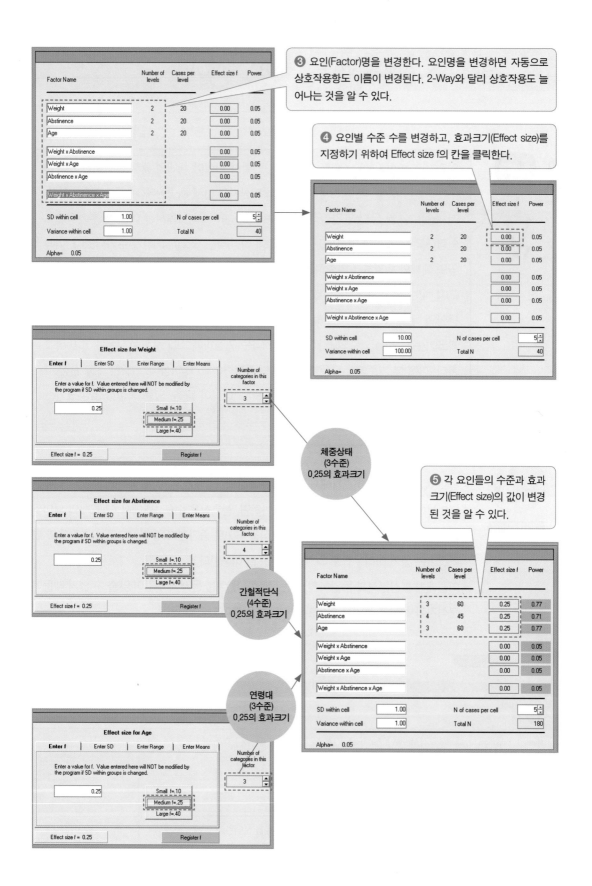

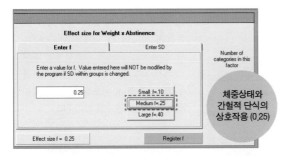

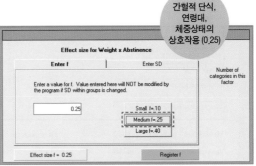

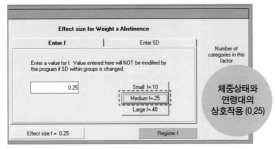

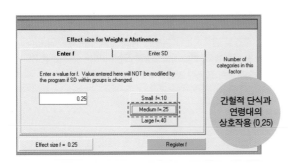

- 모든 상호작용항은 전부 Cohen의 기준상 중간 정도의 효과크기인 0.25로 정의한다.
- 보통 상호작용항의 효과크기는 파악하기 어려우므로 Cohen의 기준을 많이 따른다.

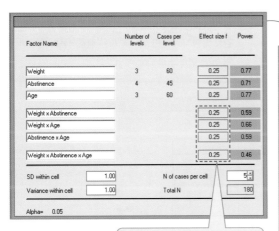

❻ 모든 상호작용의 효과크기 (Effect size)의 값이 0.25로 바뀐 것을 알 수 있다.

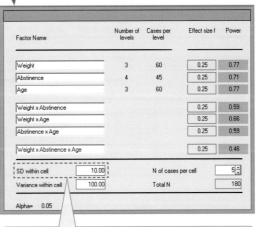

❼ SD within cell에 표준편차값 10을 입력한다. 아래의 분산(Variance within cell)은 자동으로 제곱되어 계산된다 ($10^2 = 100$).

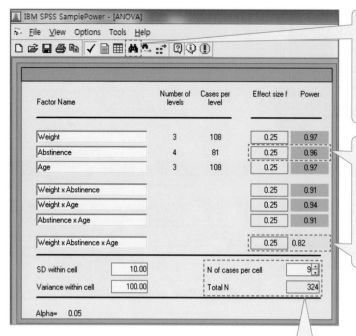

⑧ 문제의 조건에 맞는 검정력을 보유하기 위하여 맨 아래의 Weight × Abstinence × Age의 상호작용에 마우스 커서(cursor)를 대고 망원경 아이콘을 누르면 3개 동시 상호작용의 검정력이 80% 이상인 표본수를 찾아준다.

⑨ 이렇게 3개 이상의 상호작용이 있는 고차원 ANOVA의 경우 가장 큰 상호작용이 80%를 넘기면 보통 다른 요인과 상호작용도 80% 이상의 검정력(Power)를 가지게 된다.
당연히 간헐적 단식 또한 0.96으로 80% 이상의 검정력을 가졌다.

⑩ 본 조건을 만족하는 표본수는 각 요인의 수준의 수의 곱(3 ×4×3＝36)에 각 칸(cell)별 9개의 표본이 있는 것으로 총 36 ×9＝324개의 표본이 필요하다고 할 수 있다.

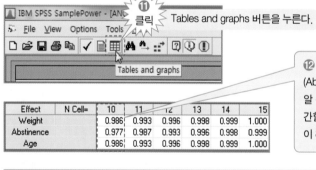

⑪ 클릭 Tables and graphs 버튼을 누른다.

⑫ Cell당 표본수가 10개 이상일 때 간헐적 단식 수 (Abstinence)의 검정력이 80% 이상(97.7%)이 됨을 알 수 있다. 물론 이 표본수가 10개 이상인 경우에는 간헐적 단식 수뿐만 아니라 모든 상호작용이 검정력이 80% 이상인 경우를 의미한다.

Effect	N Cell=	10	11	12	13	14	15
Weight		0.986	0.993	0.996	0.998	0.999	1.000
Abstinence		0.977	0.987	0.993	0.996	0.998	0.999
Age		0.986	0.993	0.996	0.998	0.999	1.000

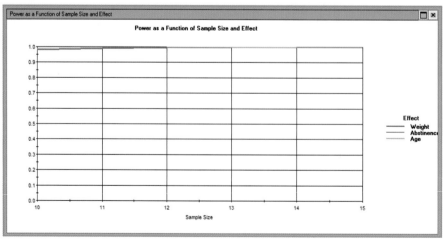

06 ANOVA/ANCOVA – 3-WAY ANCOVA

앞의 3-way ANOVA 예제의 연속선상을 가정한다. 즉, 요인은 체중(3수준), 간헐적 단식 수(4수준), 연령대(3수준)에 동일한 상호작용이 있다고 한다. 그런데 이 경우에 공변량으로 콜레스테롤 수치가 있다고 가정한다. 이 콜레스테롤 수치가 설명력이 0.3(30%) 정도라고 알려져 있다. 모든 요인과 상호작용의 효과크기(Effect size)는 중간 정도 크기인 0.25라고 할 때, 상호작용 및 다른 요인의 검정력은 관계없이 간헐적 단식 수 요인의 검정력(Power)만 80% 이상인 경우의 표본크기는 얼마인가?(단, 유의수준 $\alpha = 0.05$)

생각해둡시다!

- 앞의 예제에서 공변량(Covariate)인 콜레스테롤이 추가된 공분산분석(ANCOVA)의 형태이다.
- 공분산분석이 적용되는 공변량이 들어갈 때 무엇보다 공변량과 그룹 간의 설명력(R-Squared for covariates)을 0~1 사이 값으로 정의해야 하는 것에 주의한다.
- 본 삼원배치 공분산분석은 삼원배치 분산분석 예제와는 달리 간헐적 단식 수(4수준)의 검정력만 80% 이상인 경우의 표본크기를 산출하여 본다.

따라 하세요

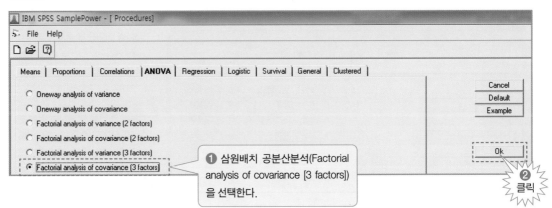

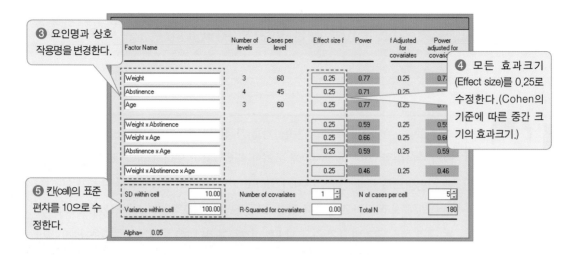

❸ 요인명과 상호
작용명을 변경한다.

❹ 모든 효과크기
(Effect size)를 0.25로
수정한다.(Cohen의
기준에 따른 중간 크
기의 효과크기.)

❺ 칸(cell)의 표준
편차를 10으로 수
정한다.

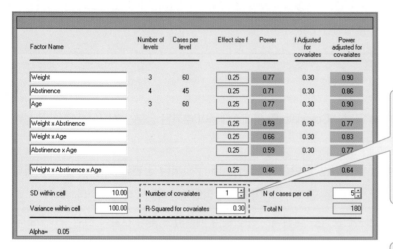

❻ 공변량(covariates)은 콜레스
테롤 수치 1개이므로 Number
of covariates는 1로 정의하
고, 이의 설명력이 30%이므로
R-Squared for covariates는
0.3을 입력한다.

❼ 간헐적 단식의 검정력이
80% 이상인 경우의 표본수를
추출해야 하므로, 마우스의 커
서를 간헐적 단식(Abstinence)
의 검정력(Power) 칸에 두고,
망원경 아이콘을 클릭한다.

➡ Power가 0.81로 변경된 것
을 알 수 있다.

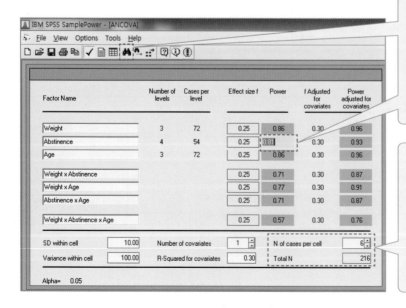

❽ 본 조건을 만족하는 표본수
는 각 요인의 수준의 수의 곱(3
×4×3＝36)에 각 칸(cell)별 9
개의 표본이 있는 것으로 총 36
×6＝216개의 표본이 필요하
다고 할 수 있다. 또한 36개의
각 요인의 범주 조합별로 6개의
표본이 있어야 함을 알 수 있다.

6장

회귀분석에서
최적 표본크기 산출하기

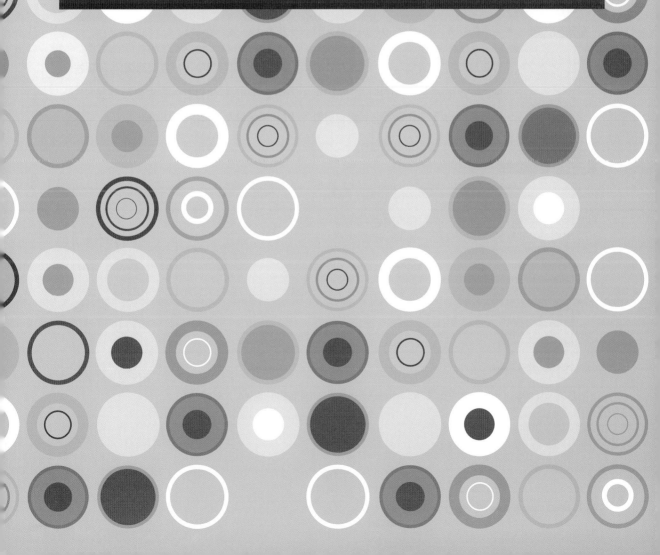

문제

평상 생활만족도와 운동과의 인과관계를 회귀분석으로 살펴보고자 한다. 종속변수 (y)는 평상 생활만족도 점수이고 독립변수$(x_1 \sim x_3)$는 운동시간, 운동에 들어가는 비용 (강습료, 운동기구 비용 등), 운동종목 수라고 할 때, 연구자의 관점에서 대략 이 3개의 독립변수가 종속변수 평상 생활만족도에 미치는 설명력을 약 40% 정도라고 판단을 하였다.(또는 과거 선행 연구에서 이 정도 되었다.) 이 상황에서 효과크기 f^2과 검정력 80%를 만족하는 표본크기는 얼마인가?(단, 유의수준 $\alpha = 0.05$)

생각해둡시다!

- 종속변수 1개에 3개의 독립변수로 이루어진 회귀분석 구조이다.

- 회귀분석의 모형 구조: $y = \beta_0 + \beta_1 x_1 + \cdots + \beta_p x_p + \varepsilon, \quad \varepsilon \sim N(0, \sigma)$

- 효과크기: $f^2 = R^2/(1 - R^2)$, 여기서 R^2은 모집단의 결정계수 ➞ 효과크기의 의미는 signal-to-noise를 의미한다.(잡음 대비 신호라는 의미로, 독립변수로 설명하지 못하는 변동량$(1 - R^2)$ 대비 독립변수로 설명할 수 있는 변동량(R^2)이라는 의미이다.)

따라 하세요

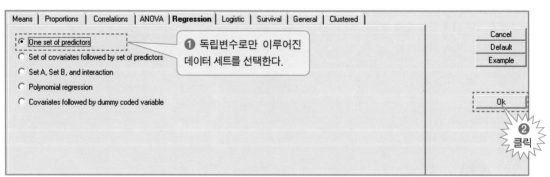

❶ 독립변수로만 이루어진 데이터 세트를 선택한다.

❷ 클릭

※ 인용: 제35차 SPSS Korea 오픈하우스, "SPSS Sample Power 표본크기와 검정력", 허명회 교수(고려대).

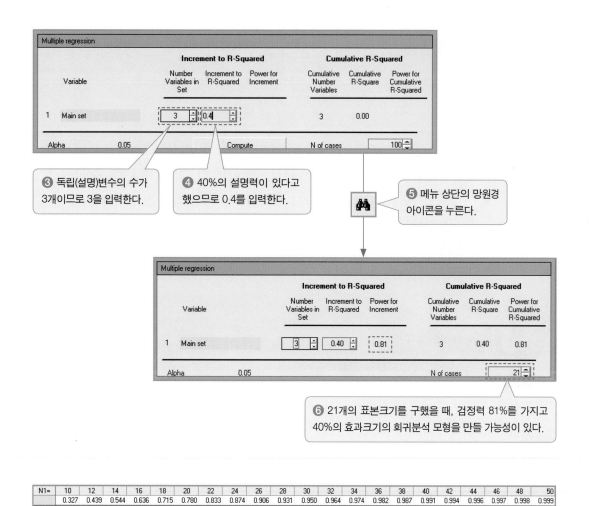

❸ 독립(설명)변수의 수가 3개이므로 3을 입력한다.

❹ 40%의 설명력이 있다고 했으므로 0.4를 입력한다.

❺ 메뉴 상단의 망원경 아이콘을 누른다.

❻ 21개의 표본크기를 구했을 때, 검정력 81%를 가지고 40%의 효과크기의 회귀분석 모형을 만들 가능성이 있다.

N1=	10	12	14	16	18	20	22	24	26	28	30	32	34	36	38	40	42	44	46	48	50
	0.327	0.439	0.544	0.636	0.715	0.780	0.833	0.874	0.906	0.931	0.950	0.964	0.974	0.982	0.987	0.991	0.994	0.996	0.997	0.998	0.999

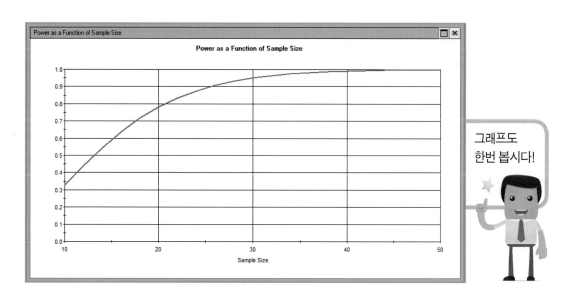

그래프도 한번 봅시다!

앞의 운동과 생활만족도의 문제에서, 3개의 독립변수 중에서 운동비용은 실질적으로 영향을 미칠 수 있지만, 연구자의 관심 사항이 아니다. 그리고 이 운동비용이라는 조절 공변량은 $R^2 = 0.1$(10%) 정도로 기대가 된다. 이로 인하여 연구자의 생각에 2개의 독립변수로 설명할 수 있는 설명량은 30%로 기대된다. 이런 경우 검정력 80% 기준의 표본크기는 얼마인가?(단, 유의수준 $\alpha = 0.05$)

● 데이터의 구조
- 종속변수(y): (평상) 생활만족도
- 독립변수: 운동시간(x_1), 운동종목 수(x_2) (2개)
- 조절공변량: 운동비용(1개) → Base rating 값이 된다.

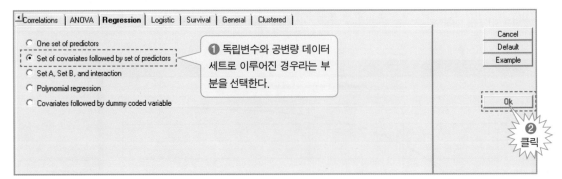

① 독립변수와 공변량 데이터 세트로 이루어진 경우라는 부분을 선택한다.

❷ 클릭

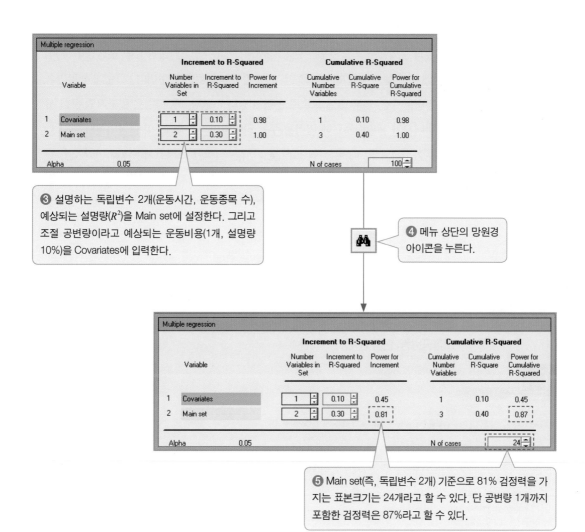

❸ 설명하는 독립변수 2개(운동시간, 운동종목 수), 예상되는 설명량(R^2)을 Main set에 설정한다. 그리고 조절 공변량이라고 예상되는 운동비용(1개, 설명량 10%)을 Covariates에 입력한다.

❹ 메뉴 상단의 망원경 아이콘을 누른다.

❺ Main set(즉, 독립변수 2개) 기준으로 81% 검정력을 가지는 표본크기는 24개라고 할 수 있다. 단 공변량 1개까지 포함한 검정력은 87%라고 할 수 있다.

문제 다시 앞의 문제에서 독립변수는 맨 처음처럼 3개(운동시간, 운동비용, 운동종목 수)이고, 이에 따른 설명력도 40%라고 한다.(첫 번째와 동일한 경우이다.) 그런데 생활만족도에 영향을 주는 외부 조절 요소로 연령이 있다고 한다. 즉, 연령은 연구자의 관심 사항은 아니지만 생활만족도에 영향을 주는 공변량이라고 하고, 이 연령이 약 5%의 설명력을 가진다고 할 때, 검정력 80%를 가지는 적절한 표본크기는 얼마인가?(단, 유의수준 $\alpha = 0.05$)

● 데이터의 구조
- 종속변수(y): (평상) 생활만족도
- 독립변수: 운동시간(x_1), 운동종목수(x_2), 운동비용(x_3) (3개)
- 조절공변량: 연령 (1개)

생각해둡시다!

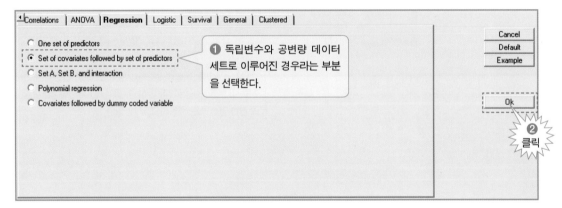

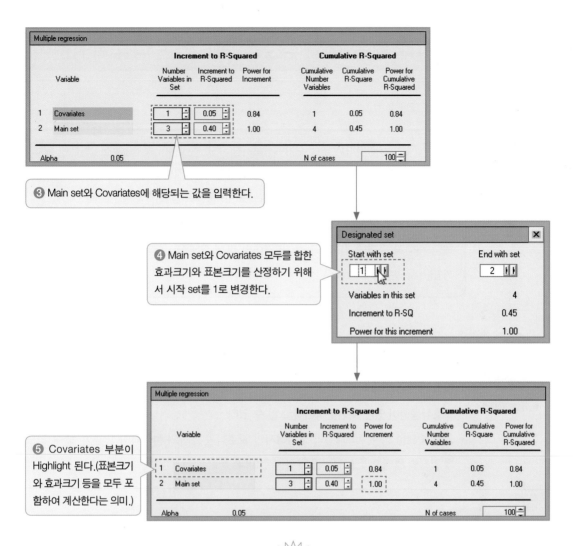

❸ Main set와 Covariates에 해당되는 값을 입력한다.

❹ Main set와 Covariates 모두를 합한 효과크기와 표본크기를 산정하기 위해서 시작 set를 1로 변경한다.

Designated set

Start with set	End with set
1	2

Variables in this set	4
Increment to R-SQ	0.45
Power for this increment	1.00

❺ Covariates 부분이 Highlight 된다.(표본크기와 효과크기 등을 모두 포함하여 계산한다는 의미.)

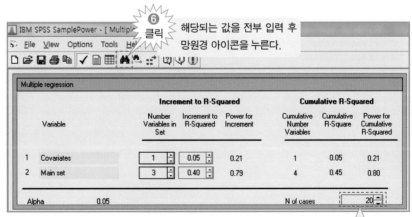

❻ 클릭 해당되는 값을 전부 입력 후 망원경 아이콘을 누른다.

❼ 2개 이상의 변수 set를 사용하는 경우의 검정력은 누적 검정력 (Power for cumulative R-Squared)을 본다. 검정력 80% 기준으로 20개의 표본을 산출하는 것이 적절하다는 것을 알 수 있다.

백혈구 세포 수에 영향을 주는 2개의 약품(A약, B약)에 대해서 연구하고자 한다. 이 2개의 약은 기본적으로 백혈구 세포 수를 감소시켜 주는 역할을 한다. 종속변수(백혈구 수)에 대해서 A약의 설명력(효과)은 10%, B약의 설명력(효과)은 7%라고 알려져 있다. 이 2개의 약이 동시에 사용될 때 나타나는 시너지(Synergy) 효과를 10%라고 할 때, 해당 시너지 효과를 검정하기 위해 검정력 80% 기준의 적절한 표본크기는 얼마인가?(단, 유의수준 $\alpha = 0.05$)

생각해둡시다!

- 회귀분석에서 기본적으로 2개의 독립변수 A약과 B약의 효과에 대한 상호작용 효과를 파악하기 위함이다.
- 교호작용항이 있는 회귀분석이라고 할 수 있다.
- 가장 중요한 점은 A약과 B약의 시너지인 교호작용 효과의 설명력이 10%가 될 수 있도록 검정력 80%의 표본크기를 구하는 것이다.

따라 하세요

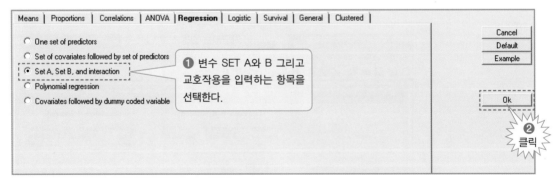

| Means | Proportions | Correlations | ANOVA | **Regression** | Logistic | Survival | General | Clustered |

○ One set of predictors
○ Set of covariates followed by set of predictors
◉ Set A, Set B, and interaction
○ Polynomial regression
○ Covariates followed by dummy coded variable

❶ 변수 SET A와 B 그리고 교호작용을 입력하는 항목을 선택한다.

Cancel
Default
Example

Ok

❷ 클릭

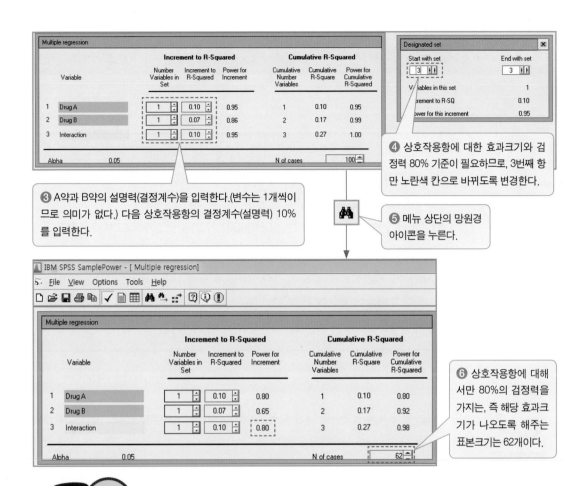

❸ A약과 B약의 설명력(결정계수)을 입력한다.(변수는 1개씩이
므로 의미가 없다.) 다음 상호작용항의 결정계수(설명력) 10%
를 입력한다.

❹ 상호작용항에 대한 효과크기와 검
정력 80% 기준이 필요하므로, 3번째 항
만 노란색 칸으로 바뀌도록 변경한다.

❺ 메뉴 상단의 망원경
아이콘을 누른다.

❻ 상호작용항에 대해
서만 80%의 검정력을
가지는, 즉 해당 효과크
기가 나오도록 해주는
표본크기는 62개이다.

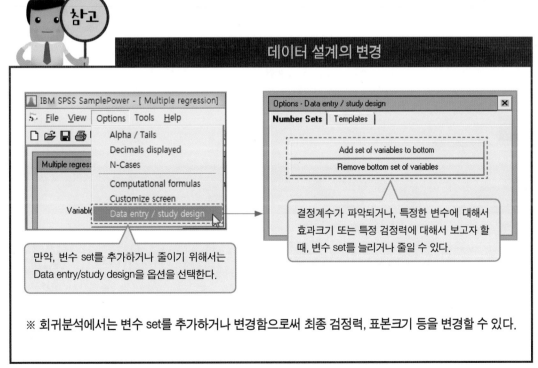

만약, 변수 set를 추가하거나 줄이기 위해서는
Data entry/study design을 옵션을 선택한다.

결정계수가 파악되거나, 특정한 변수에 대해서
효과크기 또는 특정 검정력에 대해서 보고자 할
때, 변수 set를 늘리거나 줄일 수 있다.

※ 회귀분석에서는 변수 set를 추가하거나 변경함으로써 최종 검정력, 표본크기 등을 변경할 수 있다.

문제

치매 환자(알츠하이머 환자) 또는 치매 의심환자들을 대상으로 이들의 생활 부적응 정도를 점수화시켜서 이것과 연령과의 관계를 통계적으로 분석하고자 한다. 그런데 일반적으로 치매 환자의 경우 연령이 높을수록 그 증상과 부적응이 더욱 높은데, 이것이 단순 선형(Linear) 형태로 연령에 따라 증가하는 것이 아니라 나이가 들면 들수록 그 부적응 정도가 급격하게 증가하는 형태를 나타낸다고 알려져 있다. 보통 50대까지는 선형(Linear) 증가, 60대까지는 제곱(Squared) 증가, 70대부터는 세제곱(Cubed) 증가한다고 가정하고, 이들 연령대의 변수의 설명력(R^2)은 모두 동등하게 15%라고 할 때, 이 3개의 변수에 대한 누적 검정력이 80%가 되는 최적 표본크기는 몇 명인가?(단, 유의수준 $\alpha = 0.05$)

생각해봅시다!

- 이와 같은 형태의 회귀분석을 다항 회귀분석(Polynomial regression) 또는 비선형 회귀분석(non-linear regression)이라고도 한다.

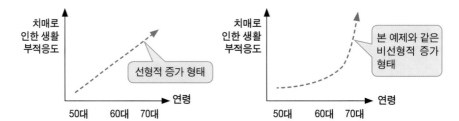

따라 하세요

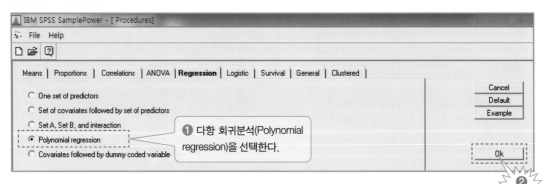

❶ 다항 회귀분석(Polynomial regression)을 선택한다.

❷ 클릭

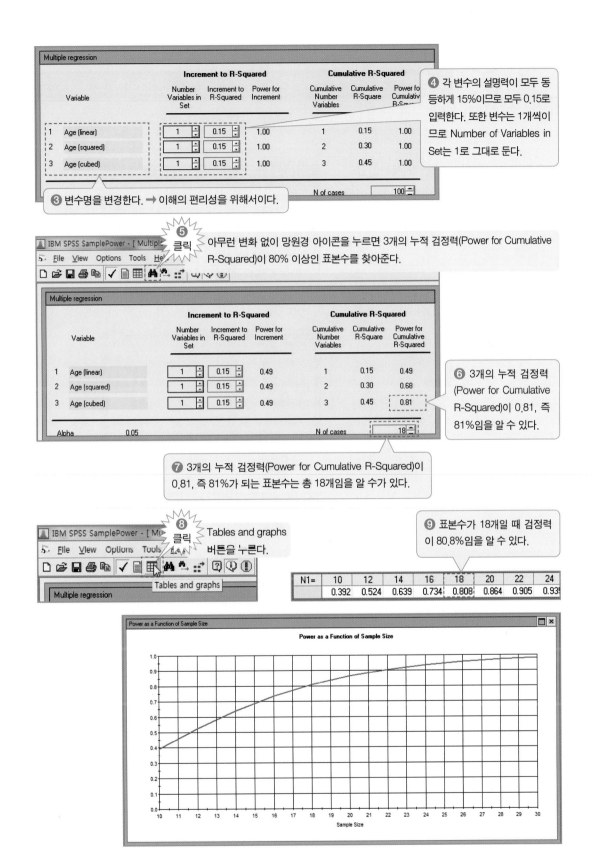

④ 각 변수의 설명력이 모두 동등하게 15%이므로 모두 0.15로 입력한다. 또한 변수는 1개씩이므로 Number of Variables in Set는 1로 그대로 둔다.

③ 변수명을 변경한다. → 이해의 편리성을 위해서이다.

⑤ 클릭 아무런 변화 없이 망원경 아이콘을 누르면 3개의 누적 검정력(Power for Cumulative R-Squared)이 80% 이상인 표본수를 찾아준다.

⑥ 3개의 누적 검정력 (Power for Cumulative R-Squared)이 0.81, 즉 81%임을 알 수 있다.

⑦ 3개의 누적 검정력(Power for Cumulative R-Squared)이 0.81, 즉 81%가 되는 표본수는 총 18개임을 알 수가 있다.

⑧ 클릭 Tables and graphs 버튼을 누른다.

⑨ 표본수가 18개일 때 검정력이 80.8%임을 알 수 있다.

N1=	10	12	14	16	18	20	22	24
	0.392	0.524	0.639	0.734	0.808	0.864	0.905	0.935

제곱합과 세제곱합의 합의 검정력이 80% 이상인 경우의 표본수

만약 제곱합(Squared)과 세제곱합의 2개의 항의 합의 검정력이 80% 이상인 경우의 표본수는 어떻게 되는가?

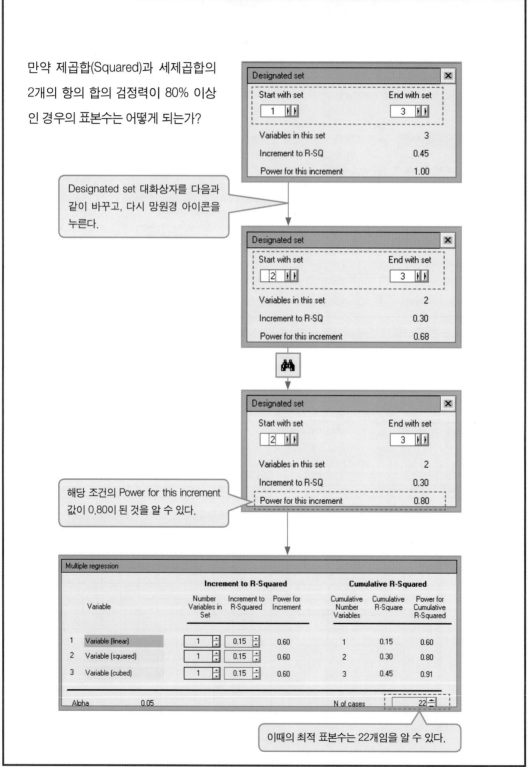

Designated set 대화상자를 다음과 같이 바꾸고, 다시 망원경 아이콘을 누른다.

해당 조건의 Power for this increment 값이 0.800이 된 것을 알 수 있다.

이때의 최적 표본수는 22개임을 알 수 있다.

문제

모의고사 평균점수와 성별(남/여) 그리고 지역(서울/수도권/지방권)이 종속변수인 수학능력점수에 미치는 영향을 파악하고자 회귀분석을 수행하는 과정이 있다. 여기서 독립변수인 모의고사 평균점수, 성별, 지역 중 성별과 지역은 범주형으로 Dummy 변수화를 하여 독립변수로 넣고자 한다. 과거 선행 연구에서 모의고사 평균점수의 설명력은 20%, 성별은 10%, 지역은 5%의 설명력을 가지고 있다고 알려져 있다. 이때 2개의 Dummy 변수의 누적 검정력이 80%가 될 때의 최적 표본크기와 모의고사 평균점수까지 모두 포함한 상태의 누적 검정력이 80%일 때의 최적 표본크기를 구하여라.(단, 유의수준 $\alpha = 0.05$)

생각해둡시다!

- 범주형(순서형, 명목형) 데이터가 회귀분석에서 사용되는 경우에는 이를 Dummy 처리하여 연속형화시켜야 한다.
- 이때 독립변수 중 연속형은 일반적인 공변량(Covariates)으로 처리하면 되고, 독립변수 중 범주형은 Dummy 처리한 변수의 경우 범주 수만큼 변수의 수를 잡아서 SPSS Sample Power 내에서 계산을 한다.
- 전체 독립변수(본 예제에서는 3개의 독립변수)의 누적 검정력이 80%가 되는 경우와 Dummy 처리한 2개의 독립변수의 누적 검정력이 80%가 되는 경우의 표본수를 추출하면 된다.

따라 하세요

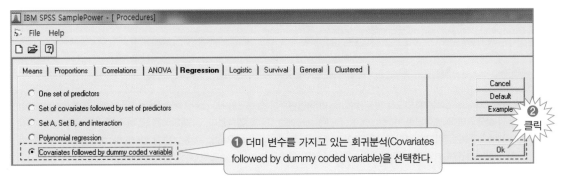

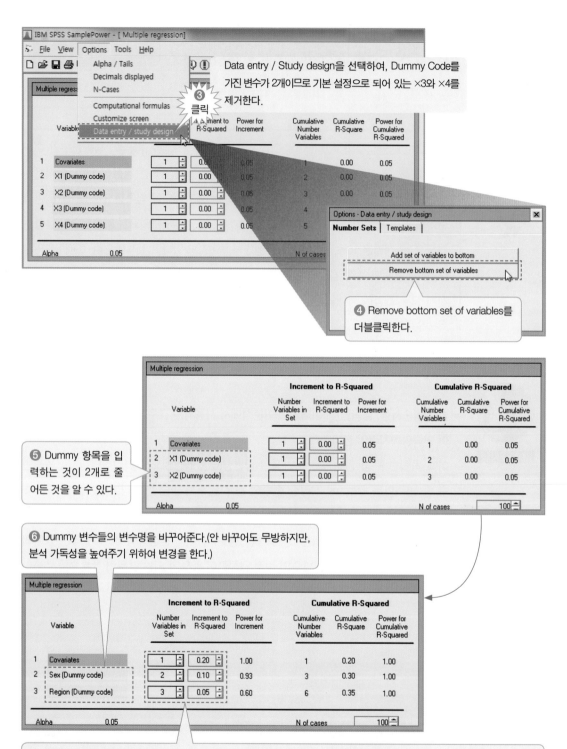

② Data entry / Study design을 선택하여, Dummy Code를 가진 변수가 2개이므로 기본 설정으로 되어 있는 ×3와 ×4를 제거한다.

③ 클릭

④ Remove bottom set of variables를 더블클릭한다.

⑤ Dummy 항목을 입력하는 것이 2개로 줄어든 것을 알 수 있다.

⑥ Dummy 변수들의 변수명을 바꾸어준다.(안 바꾸어도 무방하지만, 분석 가독성을 높여주기 위하여 변경을 한다.)

❼ 먼저 Covariates에는 모의고사 평균점수 1개의 독립변수가 있으므로 Number Variables in Set는 1이라고 입력하고, 이 변수의 설명력이 20%이므로 Increment to R-Squared에는 0.2를 입력한다. 성별(Sex)은 남/여 범주 2개이므로 Number Variables in Set는 2라고 입력하고, 설명력이 10%이므로 Increment to R-Squared는 0.1을 입력한다. 마찬가지로 지역은 범주가 서울/수도권/지역권 3개이므로 3과 설명력에 5%이므로 Increment to R-Squared에 0.05라고 입력한다.

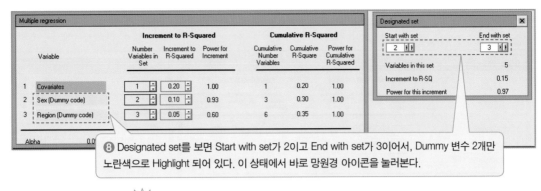

⑧ Designated set를 보면 Start with set가 2이고 End with set가 3이어서, Dummy 변수 2개만 노란색으로 Highlight 되어 있다. 이 상태에서 바로 망원경 아이콘을 눌러본다.

⑨ 클릭 망원경 아이콘을 눌러서 확인한다.

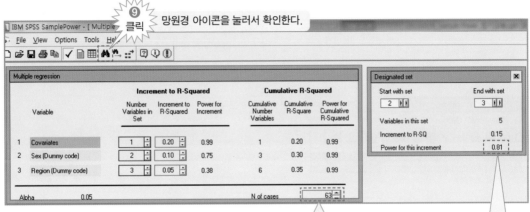

⑩ Designated set의 Power for this increment가 바로 2개의 Dummy 변수(성별, 지역) 누적 검정력이라고 할 수 있다. 그 값이 0.81로 81%의 검정력을 가진다고 할 수 있다. 그리고 이때의 표본수가 63개임을 알 수 있다. 즉, 2개의 Dummy 변수 누적 검정력이 81%일 때의 최적 표본수는 63개라고 할 수 있다.

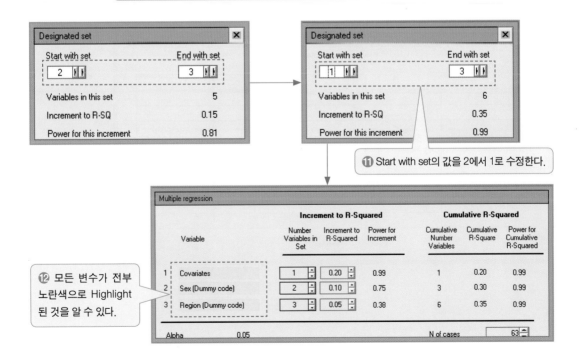

⑪ Start with set의 값을 2에서 1로 수정한다.

⑫ 모든 변수가 전부 노란색으로 Highlight 된 것을 알 수 있다.

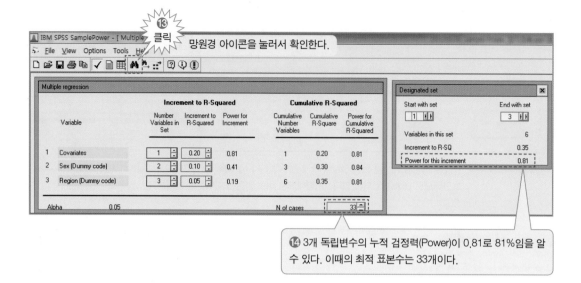

⑬ 클릭 망원경 아이콘을 눌러서 확인한다.

⑭ 3개 독립변수의 누적 검정력(Power)이 0.81로 81%임을 알 수 있다. 이때의 최적 표본수는 33개이다.

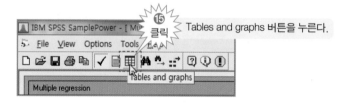

⑮ 클릭 Tables and graphs 버튼을 누른다.

⑯ 표본수가 32~34개 사이에 검정력이 80%인 값이 있음을 알 수 있다.

N1=	10	12	14	16	18	20	22	24	26	28	30	32	34	36	38	40	42	44	46	48	50	52	54	56	58	60
	0.115	0.177	0.247	0.320	0.394	0.466	0.534	0.598	0.657	0.709	0.756	0.796	0.832	0.862	0.887	0.908	0.926	0.941	0.953	0.962	0.970	0.977	0.982	0.986	0.989	0.991

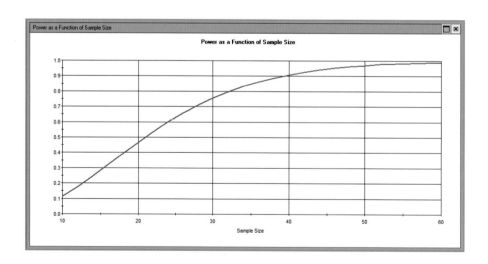

7장

로지스틱 회귀분석에서 최적 표본크기 산출하기

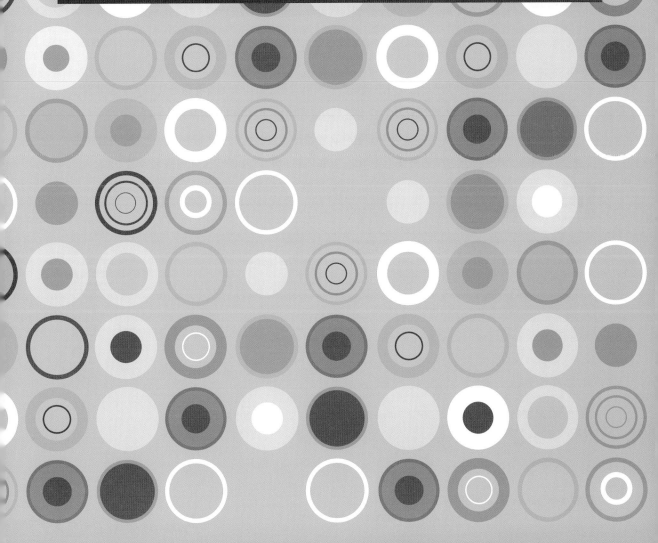

01 | 로지스틱(Logistic) 회귀분석 – 연속형 독립변수

문제

교통사고 발생을 예측하기 위하여 외향성 성격 테스트 점수를 이용한다고 할 때, 과거 유사 연구에서 외향성 성격 점수가 평균 10점, 표준편차 3일 때 대량 교통사고 발생률이 50% 정도 되고, 외향성 점수가 평균 13점일 때 교통사고 발생률은 75%로 급격하게 높아진다고 알려져 있다. 이와 유사한 결과를 도출하고자 로지스틱 회귀분석을 하기 위해 검정력 80%를 가지는 적절한 표본크기는 얼마인가?(단, 유의수준 $\alpha = 0.05$)

생각해둡시다!

- 종속변수가 특정값의 비율(예를 들어 생존/사망, 호전/비호전 등의 비율)인 형태이므로 로지스틱 회귀분석이 필요하다.

- 로지스틱 회귀모형에서 p를 발생률이라고 할 때 $p = P\{Y = 1 \mid x_i, \cdots, x_p\}$에 대하여,

$$\log_e \frac{p}{1-p} = \beta_0 + \beta_1 x_i + \cdots + \beta_p x_p \text{ 과 같은 형태를 가진다.}$$

- 로지스틱 회귀모형에서는 독립변수 벡터의 평균값의 발생률과 평균값 외 p개 점의 발생률의 차이가 인정되기 위한 표본크기를 구하는 과정이라고 이해하면 된다.

- 외향성 성격 점수에 따라 교통사고 발생률이 일반적으로 증가하지만, 감소도 가능할 수 있으므로 양측검정을 수행한다.(그러나 거의 한 방향이면 단측검정을 할 수도 있다.)

따라 하세요

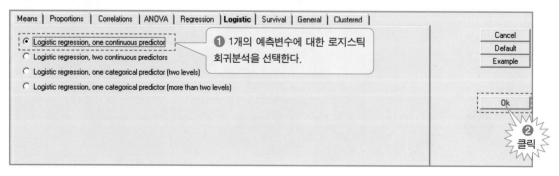

❶ 1개의 예측변수에 대한 로지스틱 회귀분석을 선택한다.

❷ 클릭

※ 인용: 제35차 SPSS Korea 오픈하우스, "SPSS Sample Power 표본크기와 검정력", 허명회 교수(고려대).

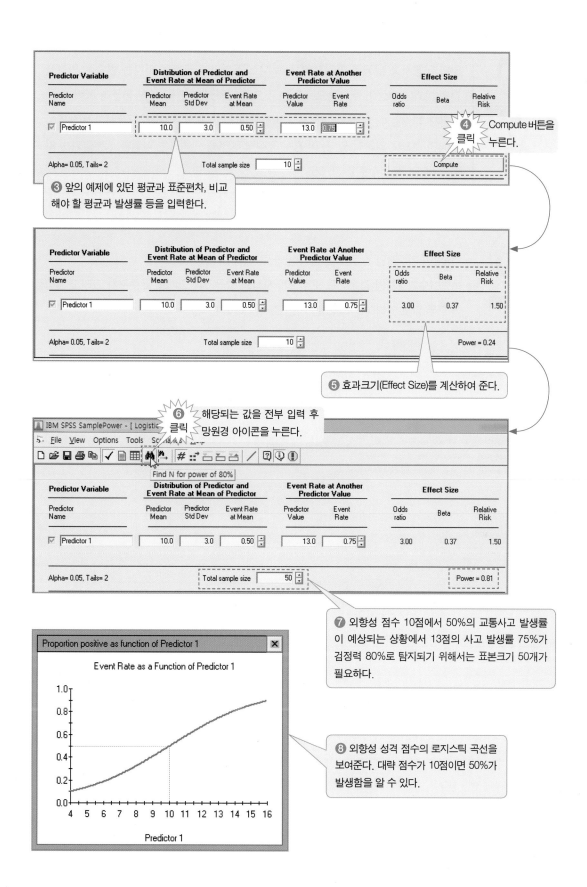

③ 앞의 예제에 있던 평균과 표준편차, 비교해야 할 평균과 발생률 등을 입력한다.

④ Compute 버튼을 클릭 누른다.

⑤ 효과크기(Effect Size)를 계산하여 준다.

⑥ 해당되는 값을 전부 입력 후 망원경 아이콘을 누른다. 클릭

⑦ 외향성 점수 10점에서 50%의 교통사고 발생률이 예상되는 상황에서 13점의 사고 발생률 75%가 검정력 80%로 탐지되기 위해서는 표본크기 50개가 필요하다.

⑧ 외향성 성격 점수의 로지스틱 곡선을 보여준다. 대략 점수가 10점이면 50%가 발생함을 알 수 있다.

 앞의 교통사고 발생률의 문제에서, 로지스틱 회귀에 영향을 미치는 변수로 외향성 점수 이외에 연령이 추가적으로 있는 것으로 알려졌다. 연령 또한 평균이 38세에 표준편차 11.3일 때 50%의 교통사고 발생률이 있고, 평균 45세에 교통사고 발생률이 70%인 것으로 알려져 있다. 이 경우 검정력 80%를 만족하는 적절한 표본크기는 얼마인가?(단, 유의수준 $\alpha = 0.05$)

- 독립변수가 2개인 경우(모두 연속형)의 로지스틱 회귀이다.
- 독립변수가 2개인 경우에도 모두 2개 지점의 평균값과 그때의 표준편차 그리고 발생률을 모두 알고 있어야 한다.(또는 사전 조사를 해야 한다.)

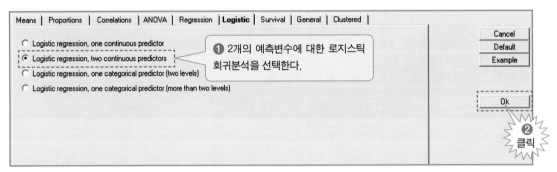

❶ 2개의 예측변수에 대한 로지스틱 회귀분석을 선택한다.

❷ 클릭

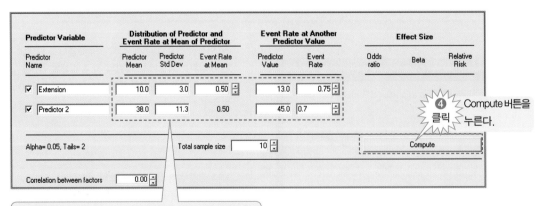

❹ Compute 버튼을 클릭 누른다.

❸ 앞의 예제에 있던 평균과 표준편차, 비교해야 할 평균과 발생률 등을 입력한다. 연령까지 포함하여 입력한다.

Predictor Variable	Distribution of Predictor and Event Rate at Mean of Predictor			Event Rate at Another Predictor Value		Effect Size		
Predictor Name	Predictor Mean	Predictor Std Dev	Event Rate at Mean	Predictor Value	Event Rate	Odds ratio	Beta	Relative Risk
☑ Extension	10.0	3.0	0.50	13.0	0.75	3.00	0.37	1.50
☑ Predictor 2	38.0	11.3	0.50	45.0	0.70	2.33	0.12	1.40

Alpha= 0.05, Tails= 2 　 Total sample size 10 　 Power = 0.25

Correlation between factors 0.00

❺ 효과크기(Effect Size)를 계산하여 준다.

Predictor Variable	Distribution of Predictor and Event Rate at Mean of Predictor			Event Rate at Another Predictor Value		Effect Size		
Predictor Name	Predictor Mean	Predictor Std Dev	Event Rate at Mean	Predictor Value	Event Rate	Odds ratio	Beta	Relative Risk
☑ Extension	10.0	3.0	0.50	13.0	0.75	3.00	0.37	1.50
☑ Predictor 2	38.0	11.3	0.50	45.0	0.70	2.33	0.12	1.40

Alpha= 0.05, Tails= 2 　 Total sample size 42 　 Power = 0.80

Correlation between factors 0.00

❻ 외향 점수와 연령을 고려한 로지스틱 회귀분석에서, 검정력 80%로 탐지되기 위해서는 총 42개의 표본이 요구된다.

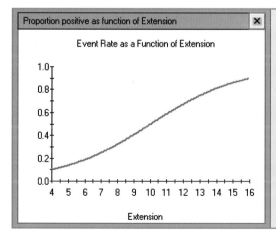

Proportion positive as function of Extension

Event Rate as a Function of Extension

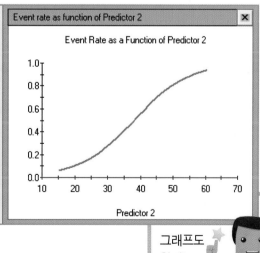

Event rate as function of Predictor 2

Event Rate as a Function of Predictor 2

그래프도 확인!

문제

어떤 특정암(癌)으로 인한 사망에 성별이 매우 큰 역할을 하는 것으로 알려져 있어, 특정암과 성별(남/여)과의 관계를 로지스틱 회귀분석을 통해서 연구하고자 한다. 과거 분석자의 경험과 유사 연구로는 연구에 중심이 되는 특정암의 경우 남자 50명과 여자 50명에서 남자의 사망률(5년 미만 생존율)이 43%, 여자의 사망률(5년 미만 생존율)이 28%로 알려져 있다. 이들 성별에 따른 암의 사망을 연구할 때 필요한 검정력 80% 이상이 되는 적절한 표본크기는 몇 명인가?(단, 유의수준 $\alpha = 0.05$)

생각해둡시다!

- 로지스틱 회귀분석은 독립변수에 범주형과 연속형 모두 사용이 가능한데, 이 중 범주형의 독립변수를 사용하는 경우에 범주형 독립변수의 상황에 맞게(즉, 이들이 유의하게) 되는 최적의 표본수를 파악하는 것이 목적이다.
- SPSS Sample Power에서는 로지스틱 회귀분석에서 지정된 범주형 독립변수(2개의 범주를 가지는 경우, 예를 들어 성별, 사망/생존 등)에서 범주별 발생비율이 유의한 차이를 나타낼 수 있는 최적의 표본크기를 계산한다.
- 본 예제는 여러 개의 독립변수 중 가장 중심이 되는 범주형 독립변수를 선택하여, 이 독립변수가 유의한 차이를 나타낼 만한 표본크기를 찾아야 한다.

따라 하세요

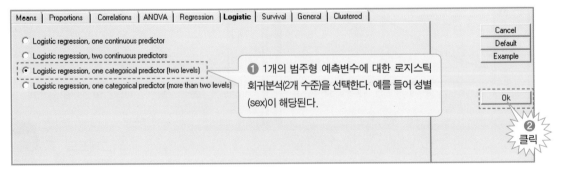

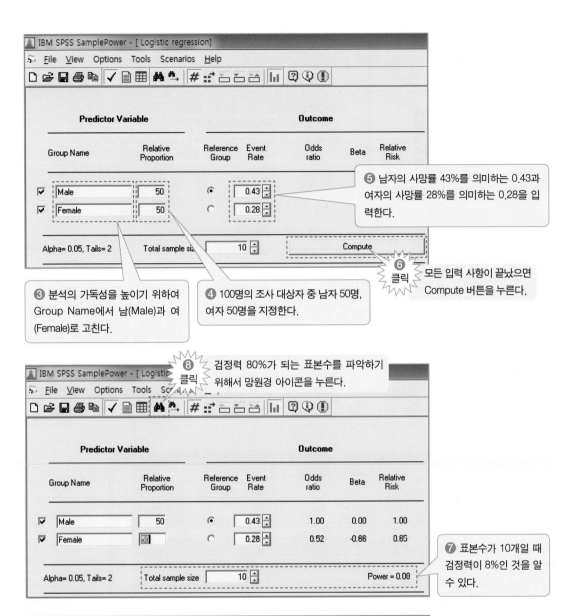

⑤ 남자의 사망률 43%를 의미하는 0.43과 여자의 사망률 28%를 의미하는 0.28을 입력한다.

③ 분석의 가독성을 높이기 위하여 Group Name에서 남(Male)과 여(Female)로 고친다.

④ 100명의 조사 대상자 중 남자 50명, 여자 50명을 지정한다.

⑥ 클릭 모든 입력 사항이 끝났으면 Compute 버튼을 누른다.

⑧ 클릭 검정력 80%가 되는 표본수를 파악하기 위해서 망원경 아이콘을 누른다.

⑦ 표본수가 10개일 때 검정력이 8%인 것을 알 수 있다.

⑨ 표본수가 324개일 때 검정력이 80%인 것을 알 수 있다. 최종적으로 324개의 표본을 얻어야 한다.

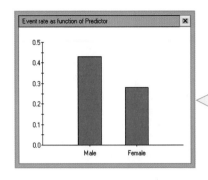

⑩ 발생률에 대한 막대도표이다. 남성 (Male) 0.43, 여성(Female) 0.28이 그래프로 표현되어 있다.

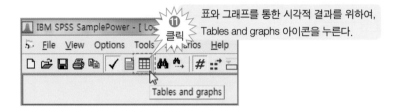

⑪ 클릭

표와 그래프를 통한 시각적 결과를 위하여, Tables and graphs 아이콘을 누른다.

⑫ 표본수가 320개 일 때 검정력이 79.6%임을 알 수 있다.

N1=	20	40	60	80	100	120	140	160	180	200	220	240	260	280	300	320	340
	0.107	0.167	0.227	0.286	0.344	0.400	0.454	0.504	0.552	0.596	0.637	0.675	0.710	0.741	0.770	0.796	0.819

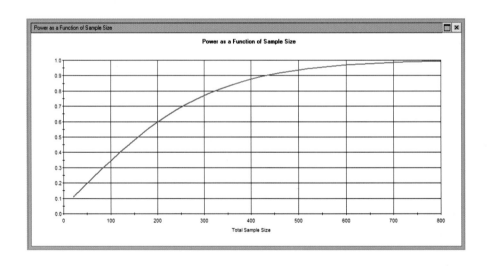

청소년 가출/탈선율이 부모의 경제적 능력에 따라 다를 수 있다는 연구를 수행 중이다. 부모의 경제적 수준을 상/중/하로 나누었을 때 알려진 탈선율이 상 0.03(3%), 중 0.1(10%), 하 0.18(18%)이었다. 또한 200명의 조사 대상 중 경제수준이 하 100명, 중 60명, 상 40명의 비율로 조사를 할 예정이다. 이 경우 검정력 80%를 가진 적절한 표본크기는 어느 정도인가?(단, 유의수준 $\alpha = 0.05$)

- 여러 개의 독립변수 중 특히 초점(focus)을 맞추고자 하는 범주형 독립변수 1개에 대하여 로지스틱 회귀분석을 하기 위한 표본크기 산출 문제이다.
- SPSS Sample Power의 경우 수준(범주의 수)이 2개 이상이어야 하고, 몇 개이든 별다른 관련은 없지만, 이에 대한 표본크기를 산출하기 위해서는 각 범주(수준, level)별 종속변수의 발생률이 나와야 하고, 각 범주들의 표본 비율을 사전에 정의 및 조사해 두어야 한다.

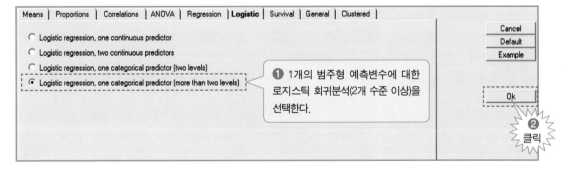

❶ 1개의 범주형 예측변수에 대한 로지스틱 회귀분석(2개 수준 이상)을 선택한다.

❷ 클릭

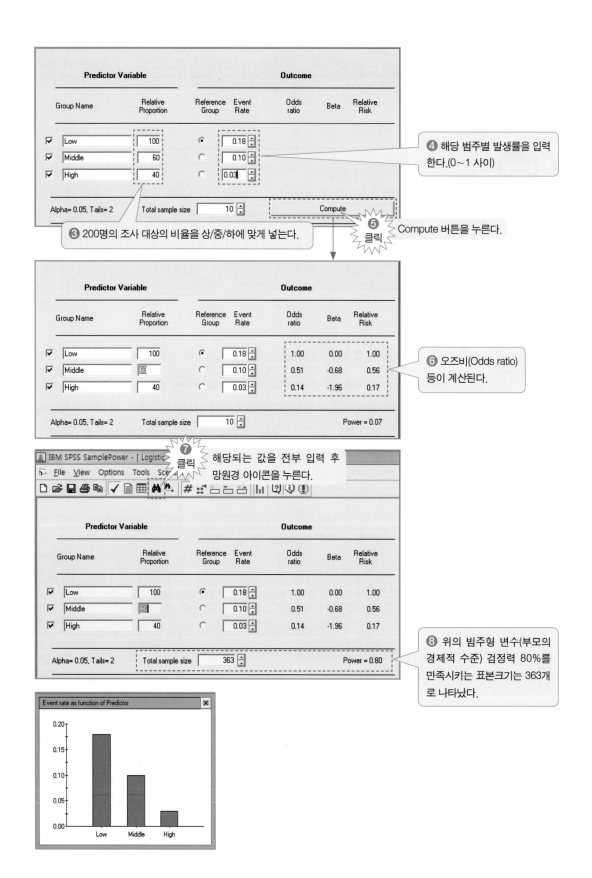

④ 해당 범주별 발생률을 입력
한다.(0~1 사이)

③ 200명의 조사 대상의 비율을 상/중/하에 맞게 넣는다.

⑤ 클릭 Compute 버튼을 누른다.

⑥ 오즈비(Odds ratio)
등이 계산된다.

⑦ 클릭 해당되는 값을 전부 입력 후
망원경 아이콘을 누른다.

⑧ 위의 범주형 변수(부모의
경제적 수준) 검정력 80%를
만족시키는 표본크기는 363개
로 나타났다.

8장

생존분석에서
최적 표본크기 산출하기

01 생존분석(Survival Analysis) – 실험/대조군의 생존시간 비교

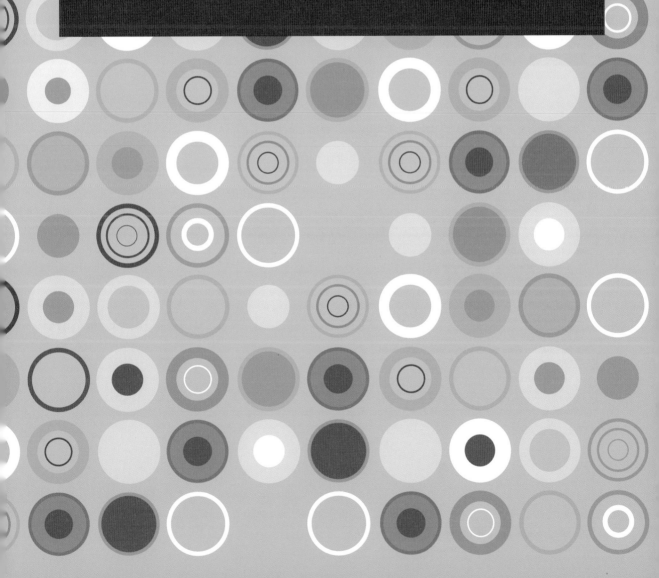

문제

말기 암환자의 생존율을 비교하고자 한다. 24개월 동안 생존기간을 조사할 예정이며, 대조군은 기존 A 약물을 치료한 그룹이고, 실험군(New)은 새로운 치료제 B를 사용한 그룹이다. 표본 대상 확보는 최초에 일부 몇 명이 조사되고, 6개월 뒤에 나머지 그룹들의 표본이 확보되었다. 기존 A약의 위험률은 약 8% 정도이고, 신규 B약의 위험률은 약 5%이다. 실험 대상자의 일반적인 중도이탈률은 3% 정도 된다. 이 경우 검정력 80%를 만족하는 생존분석의 적절한 표본크기는 얼마인가?(단, 유의수준 $\alpha = 0.05$)

생각해둡시다!

- 그룹 1(Standard): $T \sim$ exponential(λ_1),

  그룹 2(New): $T \sim$ exponential(λ_2).

  여기서 모수 λ는 위험률(hazard rate)을 의미한다. 즉 $E(T; \lambda) = 1/\lambda$.

- $H_0: \lambda_1 = \lambda_2$

  $H_1: \lambda_1 > \lambda_2$ (신규약품, 치료방법,… 등이 위험률이 낮다)

  → 일반적으로 생존분석은 단측검정(1-tailed)을 수행한다.

따라 하세요

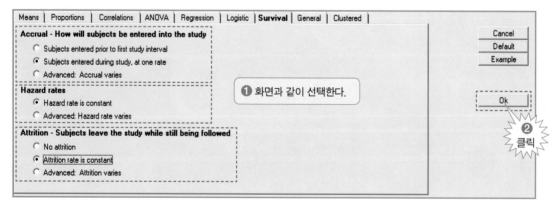

Accrual: 실험 개체의 확보기간 정의

- Subjects entered prior to first interval: 실험개체의 확보가 한번에 모두 되어 동시에 동일한 시간에 시작해 종료된 경우를 의미한다.
- Subjects entered during study, at one rate: 실험개체가 초기에 일부 들어와서 진행되고 특정 기간 후 나머지 표본이 들어오는 경우를 의미한다.
- Advanced: Accrual varies: 정의 없이 무작위로 들어온 경우를 의미한다.

Hazard rates: 위험률 정의

- Hazard rate is constant: 위험률이 전 기간에 걸쳐 일정하게 발생하는 경우를 의미한다.
- Advanced: Hazard rate varies: 위험률이 불규칙하게 변화하는 경우를 의미한다.

Attrition: 중도절단(이탈률) 정의

- No attrition: 전혀 중도절단이 발생하지 않는 경우를 의미한다.
- Attrition rate is constant: 중도절단 발생비율이 일정한 경우를 의미한다.
- Advanced: Attrition varies: 중도절단 발생비율이 매우 불규칙하게 발생하는 경우를 의미한다.

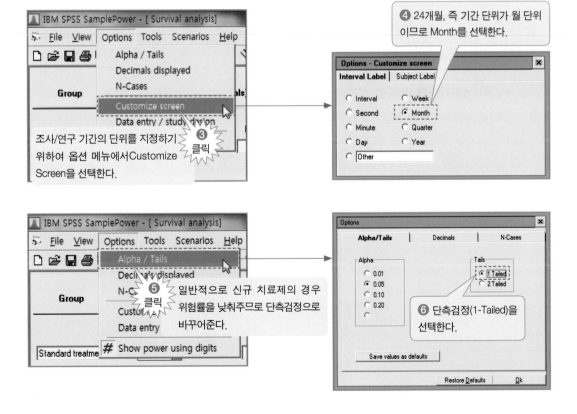

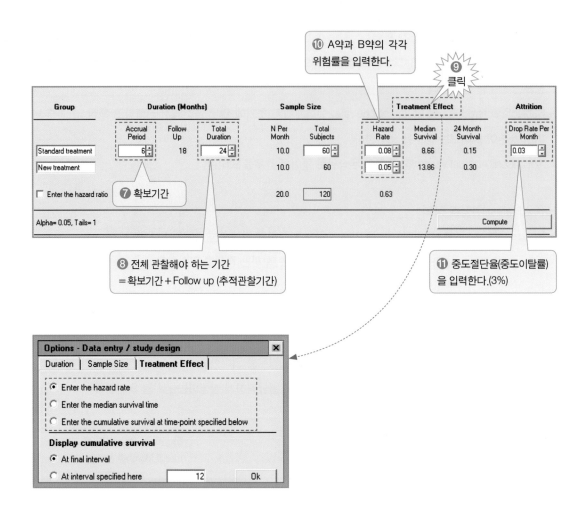

Treatment Effect(처리효과 입력 방법 정의)

- Enter the hazard rate: 위험률을 직접 입력하는 방법 (가장 보편적인 방법)

- Enter the median survival time: 생존기간의 중앙값을 입력하는 방법

- Enter the cumulative survival at time-point specified below: 누적 생존기간, 누적 발생기간을 입력하는 방법

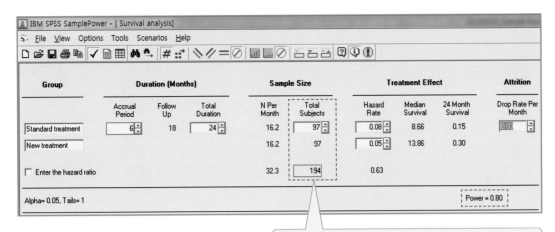

⑫ 기존 집단(A약)과 신규 집단(B약)별로 97개의 표본이 필요하다. 전체적으로는 194개의 표본이 필요하다는 것을 알 수 있다(검정력 80%를 만족시키기 위해서).

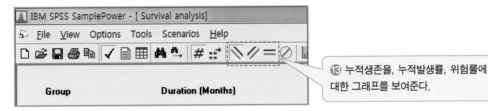

⑬ 누적생존율, 누적발생률, 위험률에 대한 그래프를 보여준다.

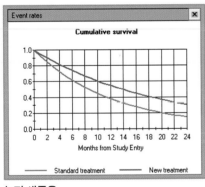

누적 생존율

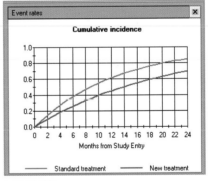

누적 발생률

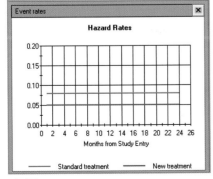

위험률

9장

일반화된 경우의
최적 표본크기 산출하기

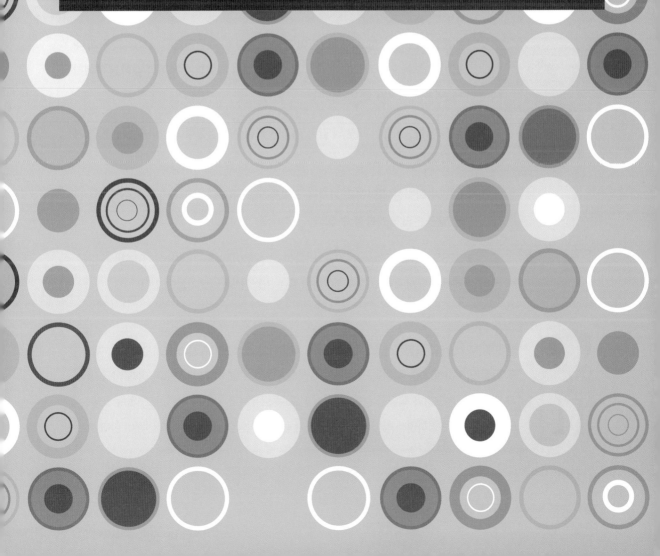

01 비중심 모수와 일반화된 표본크기 산출

비중심 모수
(Noncentrality
parameter)

▶

- 예를 들어 표본을 추출할 때, 평균이 0이고 표준편차가 1인 표준정규분포로부터 모수(parameter)를 추출할 수 있고, 평균이 다른 값에서 모수(parameter)를 추출할 수도 있다. 이런 표준정규분포와 같은 것을 중심 분포라고 하고, 이를 일반화시킨 것을 비중심 분포라고 하는데, 비중심 모수는 비중심 분포로부터 모수가 추출된 일반적인 모수를 의미한다.

- 이런 일반화된 비중심 모수를 사용하는 분포로는 t-분포, F-분포, χ^2-분포 등이 있다.

- 비중심 모수(noncentrality parameter)를 줄여서 NCP라고 하기도 한다.

비중심 모수
(Noncentrality
parameter)와
검정력

▶

- 비중심 모수가 표본크기와 관련이 있는 이유는 바로 검정력(Power)과의 관계 때문이다. 보통 귀무가설을 기각하고, 대립가설을 채택하는 통계적 검정을 수행할 때, 이 비중심 모수를 이용한다.

- 정확하게는 비중심 모수의 값이 커지면 커질수록 검정력이 높아지는 관계를 가지고 있다.

- 따라서 적절한 검정력을 가지는 표본크기를 산출하기 위해서는, 비중심 모수값을 알면 손쉽게 산출할 수 있다.

- SPSS Sample Power는 이런 비중심 모수를 이용하여, 일반적인 t-분포, F-분포, χ^2-분포에서 표본크기를 계산하여 주는 기능인 General 기능이 있다.

본 모듈(Module)의 특성은 앞의 모듈과 달리 사용자가 표본크기와 효과크기 그리고 자유도 등을 입력하여 최종 검정력(Power)을 계산하는 방식으로 이루어져 있다. 이때 사용자가 입력한 표본크기가 적당한 검정력(80% 정도)을 보유하고 있는지 확인하고, 계속 표본크기를 조금씩 변경하면서 최종적으로 사용자가 원하는 적당한 표본크기를 확인해야 한다.

새로운 백혈병 치료제가 발명되었다. 이 치료제의 경우 100명의 실험 집단에게 효과 크기 $d = 0.2$(Cohen의 기준으로 middle 정도의 효과크기) 정도의 효력을 발생한다고 했을 때, 이 경우의 단측검정을 기준으로 유의수준이 0.05일 때, 새로운 백혈병 치료제의 검정력은 몇 %인가?

- 일표본 t-분포에서

  - 비중심 모수(NCP) = 효과크기(d)$^*\sqrt{\text{표본수}}$, 즉 NCP = $d^* \sqrt{N}$
  - 기준 자유도(df_denominator) = $N - 1$(즉, 표본수 – 1)

- 이 경우 SPSS Sample Power는 표본수(N), 효과크기(d), 유의수준(α), 단측/양측검정 (Tails) 여부만 입력해주면, 해당 표본수와 효과크기의 검정력(Power)과 비중심 모수값 (NCP) 그리고 해당 검정력에서 요구되는 t-통계량 값을 제공하여 준다.

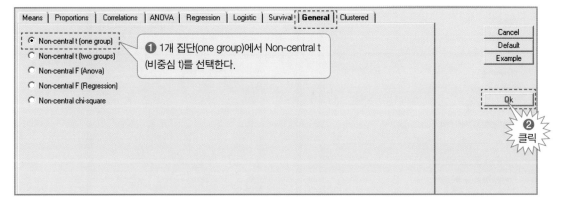

❶ 1개 집단(one group)에서 Non-central t (비중심 t)를 선택한다.

❷ 클릭

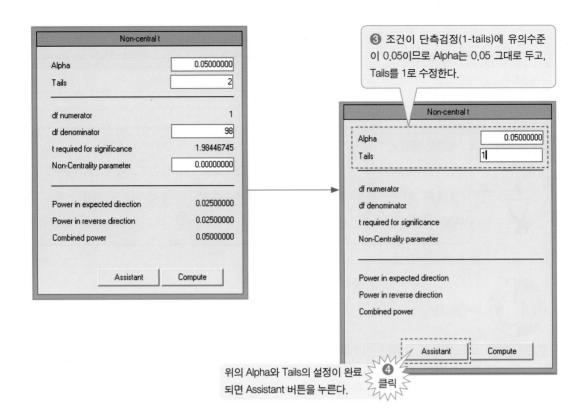

❸ 조건이 단측검정(1-tails)에 유의수준이 0.05이므로 Alpha는 0.05 그대로 두고, Tails를 1로 수정한다.

위의 Alpha와 Tails의 설정이 완료되면 Assistant 버튼을 누른다.

❹ 클릭

❺ 표본수(N of cases)에 100을 입력하고 효과크기(Effect size d)에 0.2를 입력한다.

❻ 클릭 설정이 완료되면 Compute 버튼을 누른다.

❼ 계산 결과 기준 자유도(df denominator)는 99 그리고 비중심 모수값은 2.00으로 나왔으며, 아래의 검정력 값(0.6336…)이 나오는 데 유의한 t-통계량 값이 약 1.66으로 나타났다.

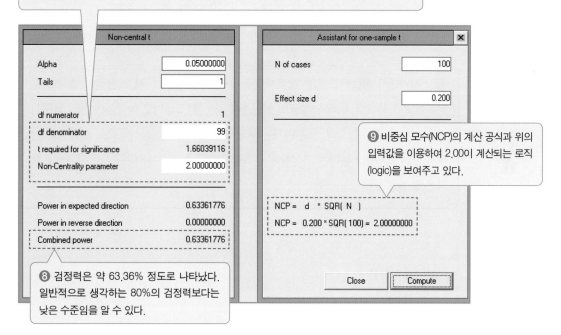

Non-central t	
Alpha	0.05000000
Tails	1
df numerator	1
df denominator	99
t required for significance	1.66039116
Non-Centrality parameter	2.00000000
Power in expected direction	0.63361776
Power in reverse direction	0.00000000
Combined power	0.63361776

Assistant for one-sample t	
N of cases	100
Effect size d	0.200

NCP = d * SQR(N)
NCP = 0.200 * SQR(100) = 2.00000000

Close   Compute

❾ 비중심 모수(NCP)의 계산 공식과 위의 입력값을 이용하여 2.00이 계산되는 로직(logic)을 보여주고 있다.

❽ 검정력은 약 63.36% 정도로 나타났다. 일반적으로 생각하는 80%의 검정력보다는 낮은 수준임을 알 수 있다.

⓫ 기본 자유도와 유의성에 필요한 t-통계량 값 그리고 비중심 모수값들이 변경되어 출력된다.

❿ 앞에서 일반적으로 수용할 수 있는 검정력 80%보다 낮은 수가 나온 것을 알 수가 있었다(약 63.36%). 따라서 이들 검정력을 높이기 위해서는 표본수를 증가하거나 효과크기(Effect size)를 확대하는 것이 필요하다.
→ 본 예제에서는 표본수를 100개에서 160개로 증가시켜본다.

Non-central t	
Alpha	0.05000000
Tails	1
df numerator	1
df denominator	159
t required for significance	1.65449350
Non-Centrality parameter	2.52982213
Power in expected direction	0.80899021
Power in reverse direction	0.00000000
Combined power	0.80899021

Assistant for one-sample t	
N of cases	160
Effect size d	0.200

NCP = d * SQR(N)
NCP = 0.200 * SQR(160) = 2.52982213

Close   Compute

⓭ 대략 적합하다고 할 수 있는 상식적인 검정력 80.8% 정도가 나온다. 이는 다시 말해 위와 같은 사례의 경우 100명을 대상으로 한 실험이 아닌 160명을 대상으로 한 실험이 유효한 결과를 나타낼 가능성이 높음을 알려주고 있다.

⓫ 클릭 160개로 표본수를 늘린 후 Compute 버튼을 누른다.

공장 지역에서 학습하고 있는 초등학생들 중 남자 20명과 여자 20명을 추출하여 몸무게를 측정하였다. 이때 남학생의 평균 몸무게는 41.5kg이고 여학생의 평균 몸무게는 39.0kg으로 나왔으며, 표준편차는 동일하게 3.1이었다. 상식적으로 남학생의 몸무게가 여학생보다 높다는 가정하에 단측검정을 기준으로 유의수준 0.05일 때, 검정력은 몇 %인가?

- 기본적인 가설은

$$H_0: \mu_{male} = \mu_{female}$$
$$H_1: \mu_{male} > \mu_{female}$$ 이 된다.(단측검정)

- 이표본 t-분포에서 $N1$을 1집단 표본수, $N2$를 2집단 표본수라고 할 때,
  - 비중심 모수(NCP) = {효과크기(d) * √1집단 표본수와 2집단표본수의 조화평균}/2가 된다. 즉, NCP = d * √$n'/2$ (단, n'는 $N1$과 $N2$의 조화 평균)
  - 기준자유도(df_denominator) = $N_{total} - 2$(즉, 전체 표본수 – 2, 전체 표본수 $N_{total} = N1 + N2$)

- 독립된 2개 집단 t-검정에서 효과크기 d = (표본 1의 평균 – 표본 2의 평균)/공통표준편차이므로 이 사례에서는 d = $(41.5 - 39)/3.1 = 2.5/3.1 = 0.806$이 된다.

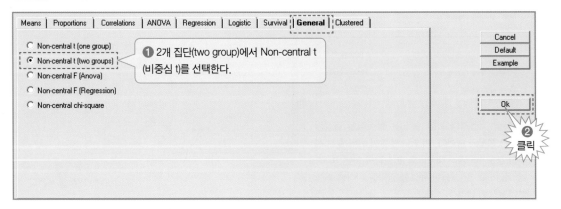

❶ 2개 집단(two group)에서 Non-central t (비중심 t)를 선택한다.

❷ 클릭

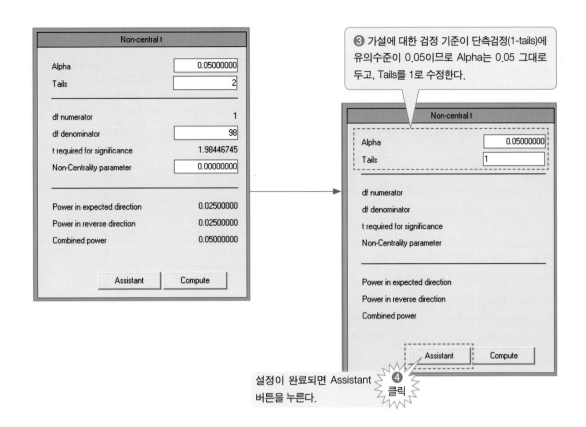

❸ 가설에 대한 검정 기준이 단측검정(1-tails)에 유의수준이 0.05이므로 Alpha는 0.05 그대로 두고, Tails를 1로 수정한다.

설정이 완료되면 Assistant 버튼을 누른다.

❹ 클릭

❺ 남자 표본수 20명과 여학생 표본수 20명을 N for group(1)과 N for group (2)에 각각 20씩 입력한다.(순서가 바뀌는 것은 상관없다.) 또한 앞에서 평균과 표준편차를 이용하여 계산한 효과크기 0.806을 Effect size d에 입력한다.

설정이 완료되면 Compute 버튼을 누른다.

❻ 클릭 설정이 완료되면 Compute 버튼을 누른다.

❼ 기본 자유도(df denominator)는 총 학생수 (40명)에서 2가 빠진 38임을 알 수 있으며, 동시에 NCP 모수값은 약 2.55 그리고 유의성에 필요한 t-통계량은 약 1.686 정도임을 알 수 있다.

❾ 비중심 모수(NCP)를 계산하기 위한 조화평균 (Harmonic mean) 값이 계산된다.

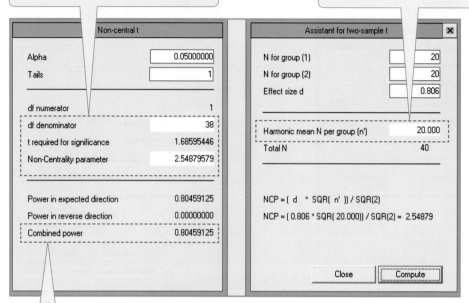

❽ 검정력(Combined Power)은 약 80.4%로 상식적인 검정력 80% 이상이므로 표본수 남학생 20명, 여학생 20명은 해당 효과크기를 만들어내는 데 적절한 표본크기임을 알 수 있다.

04 비중심 F-분포 – ANOVA

문제

A 대학병원의 임직원들의 근무 만족도를 직종별로 의사 15명, 간호사 15명, 행정직원 15명을 대상으로 조사를 하였는데, 이때 과거의 유사한 데이터를 이용한 ANOVA의 표(table)를 보면, SS_{Total}(Sum of square$_{total}$)의 값이 50.104이고 $SS_{between}$(그룹 내 변동)의 값이 24.316이라고 할 때, 유의수준 0.05에서 적절한 검정력은 몇 %인가?

생각해둡시다!

- 일원배치 분산분석(1 way-ANOVA)에서
  - 비중심 모수(NCP) = 효과크기(f)의 제곱(Squared)*(전체 자유도 + 요인의 자유도 + 1)이 된다. 즉, f^{2}*(df_denominator + df_numerator + 1)이 비중심 모수값이 된다.
- 비중심 F-분포에서 ANOVA의 경우에 검정력을 파악하기 위해서, SPSS Sample Power는 요인(Factor)의 수(Number of cells)와 각 범주 조합별 표본수(N per cell), 그리고 유의수준과 효과크기를 입력해주면 된다.
- 이 경우 cell이라는 의미는 1-way ANOVA는 요인이 1개이므로, 요인의 범주 수(즉, 본 사례에서는 의사/간호사/행정직원 등 3개)를 의미하고, 만약 2-way ANOVA인 경우 2개 요인의 범주 수의 곱을 해주면 된다.(예를 들어 본 사례에 성별이 추가 된다면 3×2 = 6개의 cell을 가진다.)

따라 하세요

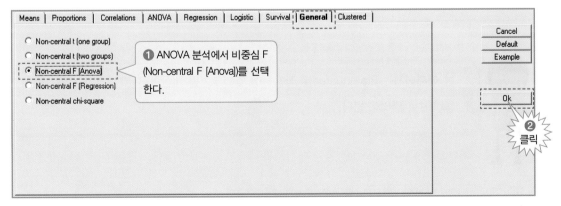

❶ ANOVA 분석에서 비중심 F (Non-central F [Anova])를 선택한다.

❷ 클릭

- 1-way ANOVA의 경우 몇 가지의 효과크기(Effect size)를 계산하는 방법이 있다. 가장 일반적으로 많이 활용되는 것이 그룹간 변동량($SS_{Between\ groups}$) / 전체 변동량(SS_{Total})이다. 이 외에도 2가지 방법이 더 있을 수 있는데, 아래의 ANOVA 표(table)를 이용하여 효과크기를 계산해본다.

ANOVA

RECALL

	Sum of Squares	df	Mean Square	F	Sig.
Between Groups	31.444	2	15.722	7.447	.006
Within Groups	31.667	15	2.111		
Total	63.111	17			

> SPSS Statistics를 이용하여 1-way ANOVA를 수행하면 일반적으로 다음과 같은 결과가 출력된다.

- 1-way ANOVA의 경우 다음과 같은 3가지의 효과크기 계산법이 있다. Eta squared(η^2), Partial Eta squared(η_p^2) 그리고 Omega squared(ω^2) 방법이 있으며, 이들의 공식은 아래와 같다. 위의 표를 이용하여 각각의 값들을 계산해보면 다음과 같다.

$$\eta^2 = \frac{SS_{Effect}}{SS_{Total}}$$

1. Eta squared(η^2)

$$= 31.444 / 63.111 = 0.4982$$

$$\eta_p^2 = \frac{SS_{Effect}}{SS_{Effect} + SS_{Error}}$$

2. Partial Eta squared(η_p^2)

$$= 31.444 / (31.444 + 31.367) = 0.4982$$

(Partial Eta squared는 1-way의 경우 Eta squared와 동일하지만 2-way의 경우 달라지게 된다.)

$$\omega^2 = \frac{SS_{Effect} - (df_{Effect})(MS_{Error})}{SS_{Total} + MS_{Error}}$$

3. Omega squared(ω^2)

$$= (31.444 - 2*2.111) / (63.111 + 2.111) = 0.4173$$

> 본 예제에서는 Eta squared를 적용하여 효과크기를 계산하면, 효과크기 = 24.316 / 50.104 = 0.485가 된다.

※ 참조: http://psychohawks.wordpress.com, http://www.theanalysisfactor.com

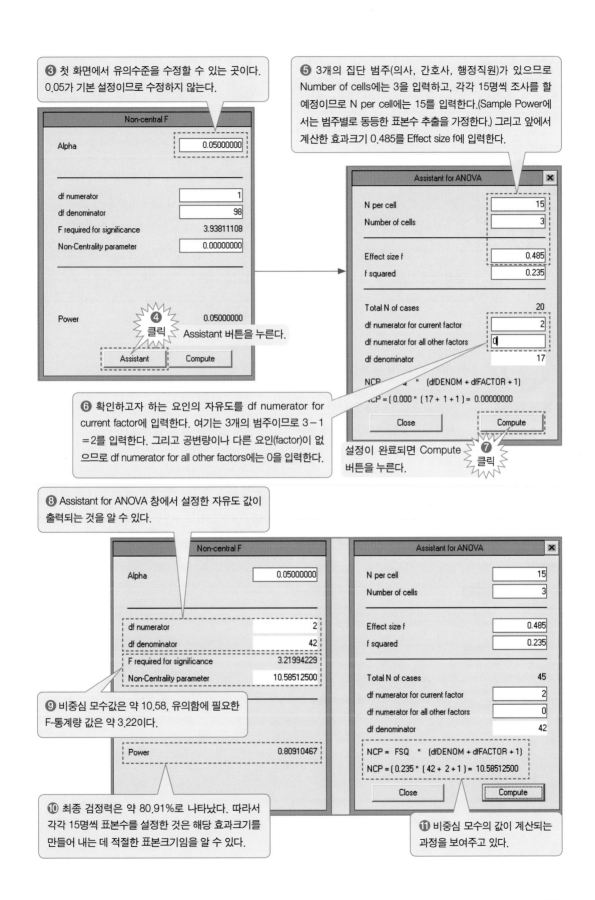

❸ 첫 화면에서 유의수준을 수정할 수 있는 곳이다. 0.05가 기본 설정이므로 수정하지 않는다.

❺ 3개의 집단 범주(의사, 간호사, 행정직원)가 있으므로 Number of cells에는 3을 입력하고, 각각 15명씩 조사를 할 예정이므로 N per cell에는 15를 입력한다.(Sample Power에서는 범주별로 동등한 표본수 추출을 가정한다.) 그리고 앞에서 계산한 효과크기 0.485를 Effect size f에 입력한다.

Non-central F

Alpha   0.05000000

df numerator   1
df denominator   98
F required for significance   3.93811108
Non-Centrality parameter   0.00000000

Power   0.05000000

❹ 클릭   Assistant 버튼을 누른다.

Assistant   Compute

Assistant for ANOVA

N per cell   15
Number of cells   3

Effect size f   0.485
f squared   0.235

Total N of cases   20
df numerator for current factor   2
df numerator for all other factors   0
df denominator   17

NCP = FSQ * (dfDENOM + dfFACTOR + 1)
NCP = (0.000 * (17 + 1 + 1) = 0.00000000

Close   Compute

❻ 확인하고자 하는 요인의 자유도를 df numerator for current factor에 입력한다. 여기는 3개의 범주이므로 3－1＝2를 입력한다. 그리고 공변량이나 다른 요인(factor)이 없으므로 df numerator for all other factors에는 0을 입력한다.

설정이 완료되면 Compute 버튼을 누른다. ❼ 클릭

❽ Assistant for ANOVA 창에서 설정한 자유도 값이 출력되는 것을 알 수 있다.

Non-central F

Alpha   0.05000000

df numerator   2
df denominator   42
F required for significance   3.21994229
Non-Centrality parameter   10.58512500

❾ 비중심 모수값은 약 10.58, 유의함에 필요한 F-통계량 값은 약 3.220이다.

Power   0.80910467

Assistant for ANOVA

N per cell   15
Number of cells   3

Effect size f   0.485
f squared   0.235

Total N of cases   45
df numerator for current factor   2
df numerator for all other factors   0
df denominator   42

NCP = FSQ * (dfDENOM + dfFACTOR + 1)
NCP = (0.235 * (42 + 2 + 1) = 10.58512500

Close   Compute

❿ 최종 검정력은 약 80.91%로 나타났다. 따라서 각각 15명씩 표본수를 설정한 것은 해당 효과크기를 만들어 내는 데 적절한 표본크기임을 알 수 있다.

⓫ 비중심 모수의 값이 계산되는 과정을 보여주고 있다.

05 비중심 F-분포 – 회귀분석

문제

80명의 초등학생 IQ(종속변수)와 유치원 교육기간(독립변수 x_1) 및 일일(一日) 섭취 칼로리양의 평균(독립변수 x_2)의 인과관계를 회귀분석을 통해서 연구해 보고자 한다. 이때 어머니의 IQ를 조절 공변량 변수라고 할 때, 해당 조절 공변량의 변수의 설명력은 약 15%로 알려져 있다. 본 예제에서 독립변수가 추가될 때마다 평균 0.25 정도의 설명력이 증가된다고 할 때, 유의수준 0.05하의 검정력은 몇 %인가?

생각해둡시다!

- 회귀분석 비중심 모수 F의 계산 공식은 다음과 같다.

  - 비중심 모수(NCP) = {전체 설명량(R^2)/(1 – 전체 설명량)} * (전체 자유도 + 독립변수 자유도 + 1) 단, 여기서 전체 설명량/(1 – 전체 설명량)이 곧 효과크기가 된다.
  - 즉, $R^2/(1 – R^2)$ * {df_denominator + df_Beta + 1}

- SPSS Sample Power에서 회귀분석의 비중심 모수의 검정력을 계산하기 위해서는 표본수, 공변량 변수의 수와 공변량의 설명량(R^2) 그리고 독립변수의 수와 독립변수의 전체 설명량 증가량(R^2의 증가량) 등 4가지의 요소를 입력해야 한다.

따라 하세요

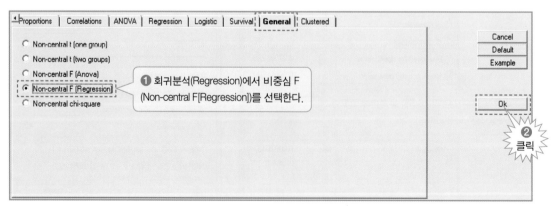

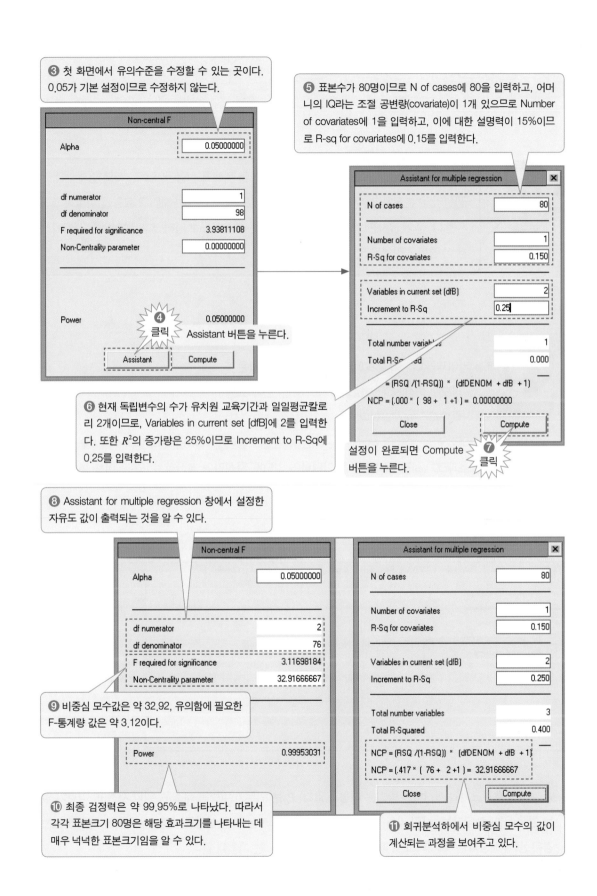

❸ 첫 화면에서 유의수준을 수정할 수 있는 곳이다. 0.05가 기본 설정이므로 수정하지 않는다.

❺ 표본수가 80명이므로 N of cases에 80을 입력하고, 어머니의 IQ라는 조절 공변량(covariate)이 1개 있으므로 Number of covariates에 1을 입력하고, 이에 대한 설명력이 15%이므로 R-sq for covariates에 0.15를 입력한다.

Non-central F

Alpha   0.05000000

df numerator   1
df denominator   98
F required for significance   3.93811108
Non-Centrality parameter   0.00000000

Power   0.05000000

❹ 클릭   Assistant 버튼을 누른다.

Assistant   Compute

Assistant for multiple regression ✕

N of cases   80

Number of covariates   1
R-Sq for covariates   0.150

Variables in current set (dfB)   2
Increment to R-Sq   0.25

Total number variables   1
Total R-Squared   0.000

= (RSQ /(1-RSQ)) * (dfDENOM + dfB + 1)
NCP = (.000 * (98 + 1 +1) = 0.00000000

Close   Compute

❻ 현재 독립변수의 수가 유치원 교육기간과 일일평균칼로리 2개이므로, Variables in current set [dfB]에 2를 입력한다. 또한 R^2의 증가량은 25%이므로 Increment to R-Sq에 0.25를 입력한다.

설정이 완료되면 Compute 버튼을 누른다. ❼ 클릭

❽ Assistant for multiple regression 창에서 설정한 자유도 값이 출력되는 것을 알 수 있다.

Non-central F

Alpha   0.05000000

df numerator   2
df denominator   76
F required for significance   3.11698184
Non-Centrality parameter   32.91666667

❾ 비중심 모수값은 약 32.92, 유의함에 필요한 F-통계량 값은 약 3.12이다.

Power   0.99953031

Assistant for multiple regression ✕

N of cases   80

Number of covariates   1
R-Sq for covariates   0.150

Variables in current set (dfB)   2
Increment to R-Sq   0.250

Total number variables   3
Total R-Squared   0.400

NCP = (RSQ /(1-RSQ)) * (dfDENOM + dfB + 1)
NCP = (.417 * (76 + 2 +1) = 32.91666667

Close   Compute

❿ 최종 검정력은 약 99.95%로 나타났다. 따라서 각각 표본크기 80명은 해당 효과크기를 나타내는 데 매우 넉넉한 표본크기임을 알 수 있다.

⓫ 회귀분석하에서 비중심 모수의 값이 계산되는 과정을 보여주고 있다.

06 비중심 F-분포 – χ^2 분석

문제

60명을 대상으로 새로운 해열제의 임상 실험을 위해서 실험군(새로운 해열제)과 대조군(위약)을 분리하고, 투약 실험 뒤 효과가 있는지(YES) 없는지(NO) 효능을 파악하고자 한다. 과거 유사한 실험에서 효과크기 ω는 0.4 정도로 나타났다. 유의수준 0.05에서 이 경우 검정력은 몇 %인가?

생각해둡시다!

- 카이제곱(Chi-squared) 검정의 비모수 중심값은
  - 비모수 중심(NCP) = 효과크기의 제곱 * 전체 표본수
  - 즉, NCP = $\omega^2 * N$이다.
- SPSS Sample Power에서는 표본수, 분할표상에서 Row의 수와 Column의 수 그리고 효과크기(ω)값, 유의수준을 입력하면 비모수 중심값을 계산할 수 있고, 이를 통해 검정력을 파악할 수 있다.

따라 하세요

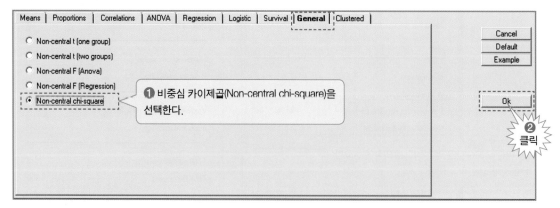

❶ 비중심 카이제곱(Non-central chi-square)을 선택한다.

❷ 클릭

- χ^2 분석의 효과크기를 계산하는 방법은 다음과 같다. P_{0i}는 귀무가설(보통 대조군, 위약 사용군, 약효가 없는 경우 등)에 해당되는 cell의 비율이라고 하고, P_{1i}는 대립가설(보통 실험군, 실험약 사용군, 약효가 있는 경우 등)에 해당되는 cell이라고 할 때, χ^2 분석의 효과크기 ω는 다음과 같다.

$$\omega = \sqrt{\sum_{i=1}^{m} \frac{(P_{0i} - P_{1i})^2}{P_{0i}}}$$

- 이렇게 나온 효과크기 ω는 카이제곱(χ^2) 통계량과 다음과 같은 관계식을 가지고 있다.(단, 여기서 N은 전체 표본수를 의미한다.)

$$\chi^2 = \sum_{i=1}^{m} \frac{(O_i - E_i)^2}{E_i} \qquad \chi^2 = N\omega^2$$

$$= N\sum_{i=1}^{m} \frac{(P_{0i} - P_{1i})^2}{P_{0i}} \qquad \omega = \sqrt{\frac{\chi^2}{N}}$$

- 최종적으로 카이제곱 분석의 효과크기(ω)는 카이제곱 통계량 / 표본수 값의 제곱근(Root)을 씌어준 것이라고 할 수 있다.

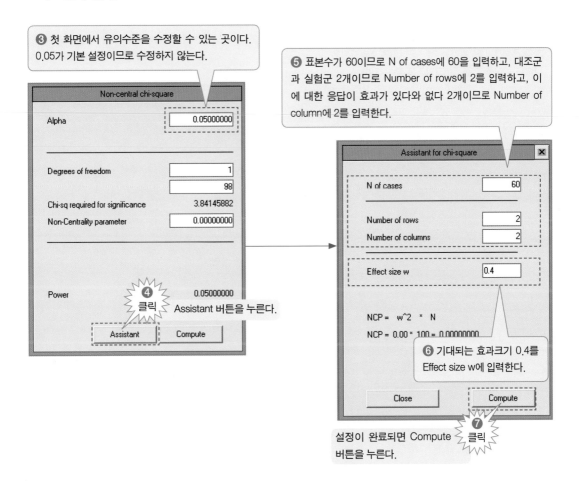

❸ 첫 화면에서 유의수준을 수정할 수 있는 곳이다. 0.05가 기본 설정이므로 수정하지 않는다.

❺ 표본수가 60이므로 N of cases에 60을 입력하고, 대조군과 실험군 2개이므로 Number of rows에 2를 입력하고, 이에 대한 응답이 효과가 있다와 없다 2개이므로 Number of column에 2를 입력한다.

❹ 클릭 Assistant 버튼을 누른다.

❻ 기대되는 효과크기 0.4를 Effect size w에 입력한다.

❼ 설정이 완료되면 Compute 클릭 버튼을 누른다.

⑧ Assistant for chi-square 창에서 설정한 자유도 값이 출력되는 것을 알 수 있다.

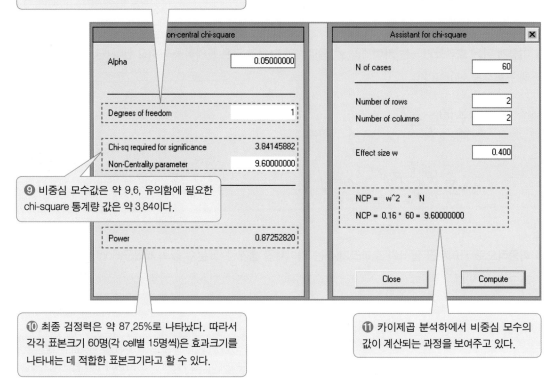

⑨ 비중심 모수값은 약 9.6, 유의함에 필요한 chi-square 통계량 값은 약 3.84이다.

⑩ 최종 검정력은 약 87.25%로 나타났다. 따라서 각각 표본크기 60명(각 cell별 15명씩)은 효과크기를 나타내는 데 적합한 표본크기라고 할 수 있다.

⑪ 카이제곱 분석하에서 비중심 모수의 값이 계산되는 과정을 보여주고 있다.

10장

집락실험에서
최적 표본크기 산출하기

01 집락실험(Clustered)

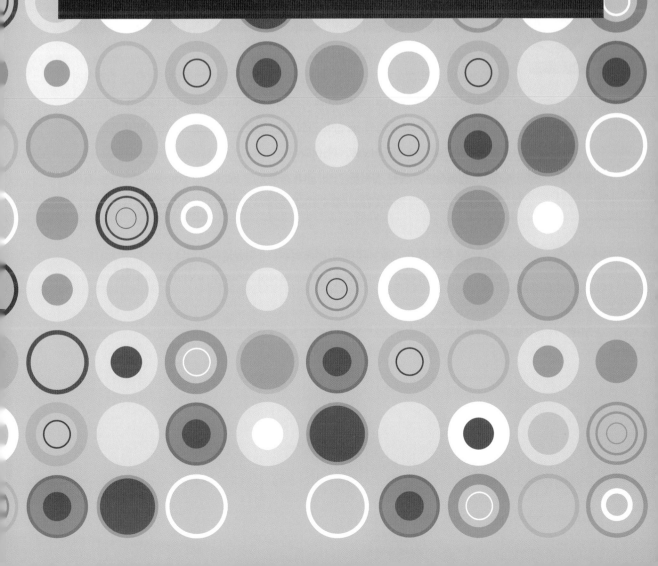

서울 시내 40개 대형병원 중 강북의 20개 병원, 강남의 20개 병원 내 간경화 치료 환자들을 대상으로 생존율을 비교하고자 한다. 병원 당 약 5명 정도의 환자를 표본추출하여 실험을 하고자 하며, 기본적으로 강남, 강북 병원들 간의 평균 생존율 간의 효과크기($= (\mu_1 - \mu_2)/\sigma$)는 0.4 정도로 알려져 있고, 연구자 또한 그 정도를 예상하고 있다. 병원들 간의 급내 상관(ICC: Intraclass correlation)은 약 0.2 정도로 알려져 있다. 이 경우에 본 집락실험의 검정력은 어느 정도 되겠는가?(단, 유의수준 $\alpha = 0.05$이고 단측검정이다.)

- 집락실험이라는 것은 병원과 환자, 학교와 학생, 마트와 계산원 등 집락(Cluster)별 실험 대상자들을 추출하는 실험을 의미한다.
- 일반적으로 실험 대상자(개인 또는 환자, 조사 대상자 등)의 변동량(설명력)은 정확하게는 집단 내의 분산 변동량이 되는 것이고, 전체 변동량이 되지 않는다. 따라서 이 집단 내의 분산 변동량 이외에 병원 등 집락 간의 분산 변동량 또한 고려되어야지만 정확한 실험이 될 수 있다. → 이것이 집락실험이다.
- 집락실험에서는 추출된 집락들 간의 급내 상관(ICC: Intraclass correlation)이라는 것이 만들어지는데, 이는 집락(Cluster)들 간의 상호 유사 정도로 상관계수와 매우 비슷하다.
- ICC $= \sigma_B^2 / (\sigma_B^2 + \sigma_W^2)$
  (단, σ_B^2는 집락 간 분산을 의미하고, σ_W^2는 집락 내 분산을 의미한다.)
- 집락 내 개체들이 상호 유사할수록 집락 내 분산이 작아지고, ICC가 커진다.

※ 인용: 제35차 SPSS Korea 오픈하우스, "SPSS Sample Power 표본크기와 검정력", 허명회 교수(고려대).

따라 하세요

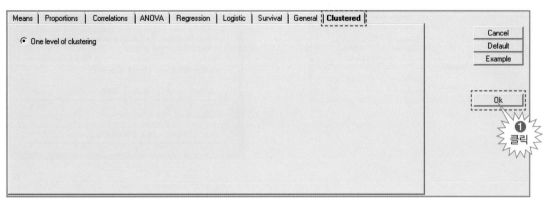

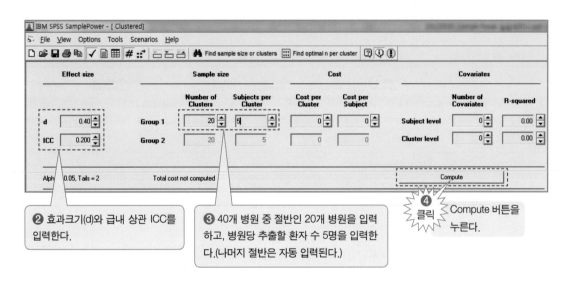

❷ 효과크기(d)와 급내 상관 ICC를
입력한다.

❸ 40개 병원 중 절반인 20개 병원을 입력
하고, 병원당 추출할 환자 수 5명을 입력한
다.(나머지 절반은 자동 입력된다.)

Compute 버튼을
누른다.

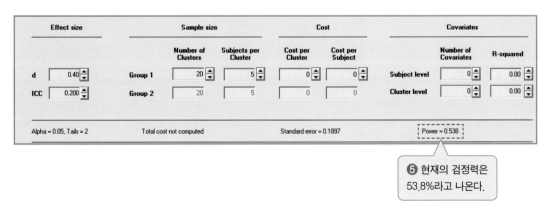

❺ 현재의 검정력은
53.8%라고 나온다.

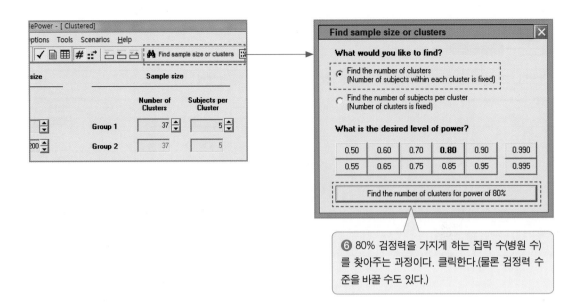

⑥ 80% 검정력을 가지게 하는 집락 수(병원 수)
를 찾아주는 과정이다. 클릭한다.(물론 검정력 수
준을 바꿀 수도 있다.)

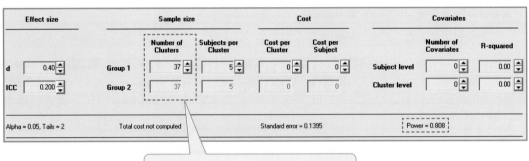

⑦ 강북/강남 병원 각각 37개씩 74개의 병원을
조사하여 5명씩 환자를 추출해야지만 검정력이
80.8%에 도달할 수 있다.

문제

앞의 실험에서 2가지 종류의 공변량이 있다. 하나는 환자 기준에서의 공변량인 "환자의 연령", "환자의 성별"이고 다른 하나는 병원 기준에서의 공변량인 "병원의 월평균 간경화 수술 건수"가 그것이다. 환자 기준의 공변량인 연령과 성별은 대략 간경화 생존율에 설명력이 0.2 정도 된다고 알려져 있고, 병원 기준의 공변량인 병원의 월평균 간경화 수술 건수는 간경화 생존율에 설명력이 0.15 정도 된다고 알려져 있다. 이렇게 공변량이 있는 경우에 앞의 예제와 동일한 효과크기와 ICC 그리고 병원 수와 병원당 추출 환자 수를 가진다면 검정력은 얼마인가?

- 일반적으로 공변량이 포함되면, 오차항이 줄고 검정력이 늘어나게 된다.
- 집락실험에서 가장 중요한 것은 공변량이 개체 기준과 집락 기준으로 따로 있다는 것이고, 설명력은 바로 회귀분석의 결정계수(R^2)와 유사하다.

생각해둡시다!

따라 하세요

② 공변량 수가 2개(연령, 성별)이므로 2와 이들의 결정계수(설명력)가 20%이므로 0.2를 입력한다.

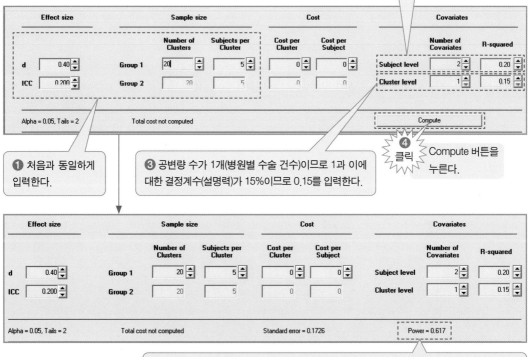

❶ 처음과 동일하게 입력한다.

❸ 공변량 수가 1개(병원별 수술 건수)이므로 1과 이에 대한 결정계수(설명력)가 15%이므로 0.15를 입력한다.

④ 클릭 Compute 버튼을 누른다.

❺ 병원이 20개씩일 때의 검정력이 61.7%로 앞서 53.8%보다는 올라간 것을 알 수 있다.

망원경 아이콘을 눌러서 검정력 80%가 될 수 있는 집락의 크기를 확인한다.

❻ 클릭

❼ 강북/강남 병원 각각 31개씩 62개의 병원을 조사하여 5명씩 환자를 추출해야지만 검정력이 81.0%에 도달할 수 있다. 공변량이 없는 경우와 비교하여 표본크기가 줄어든 것을 알 수 있다.

정리 및 요약

- 통계적 검정에서 일정한 검정력이 확보되지 않는 경우, 연구가설이 유효함에도 불구하고 연구자가 원하는 가설을 입증하지 못할 수 있다.
  → 적절한 표본을 확보하는 중요한 이유

- 표본크기는 무조건 크다고 좋은 것이 아니라, 시간과 비용을 생각하여 적절한 표본크기를 찾는 작업이 매우 중요하다.

- IBM SPSS Sample Power(또는 유사한 다른 소프트웨어)를 통해서 최적의 표본크기를 산정(계산)하기 위해서는 무엇보다 다음 사항이 중요하다.

  1. 선행 연구
  2. 사전 조사
  3. 관련 유사 연구의 각종 통계치의 수집
  4. 관련 문헌 및 조사를 통한 연구자의 경험의 계량화

※ 인용: 제35차 SPSS Korea 오픈하우스, "SPSS Sample Power 표본크기와 검정력", 허명회 교수(고려대).

Step-by-step (간단) 가이드

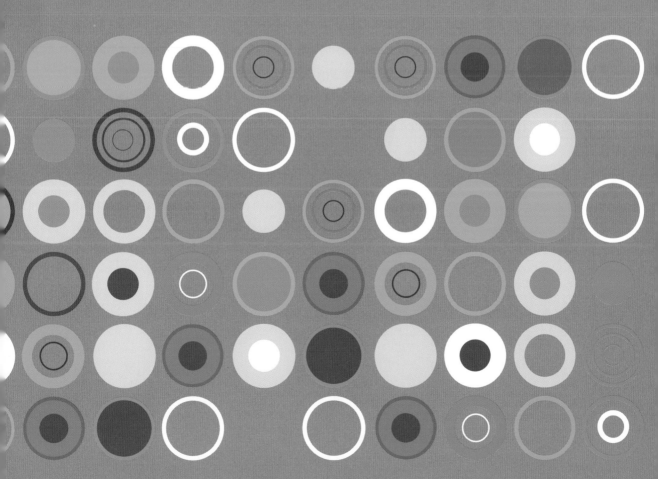

01 | Step-by-step Guide(간단 Guide)

SPSS Sample Power를 수행하면 제일 먼저 나오는 화면은 Interface 방식을 선택하는 것이다. 앞서 설명 했다시피, 대다수의 표본크기 계산은 좌측의 Classic Interface를 선택한다(Click here to use the classic interface). 그러나 표본크기 계산 방법의 초보자 또는 데이터 및 자신의 연구에서 선행 연구의 부족이나 선 행 연구가 없는 경우에는 대략적인 추정을 해볼 수 있는 step-by-step interface를 선택한다(Click here to use the step-by-step guide). 그러나 동시에 여러 개의 그룹 등에 제한이 있는 등 모든 것을 만족하기에는 부족한 점이 많다고 할 수 있는 Interface 방법이다.

1️⃣ Step-by-step Guide(간단 Guide)를 언제 사용하는가?

초보자
- 분석자(연구자)가 검정력(Power)을 이용한 표본크기 계산 방법에 대하여 잘 모르는 초보자인 경우
- 통계적 자료분석(statistical data analysis) 자체에 대해서 초보인 경우

선행경험/연구가 부족한 경우
- 현재하고 있는 연구가 과거의 유사 연구나 사례 등이 부족하여, 각종 효과크기 및 예상되는 결과를 추론하기 어려운 경우
- 완전히 새로운 분야의 연구 또는 대상자들이어서, 각종 통계적 정보를 파악하기 어려운 경우

기타의 경우
- 데이터의 수집에 그다지 큰 비용이 들지 않고, 누구나 납득할 수 있는 수준의 표본수를 쉽게 수집할 수 있을 경우
- 해당 연구 분야가 크게 정확한 표본크기 계산을 요구하지 않을 경우

2️⃣ Step-by-step Guide(간단 Guide)에서 확인할 사항

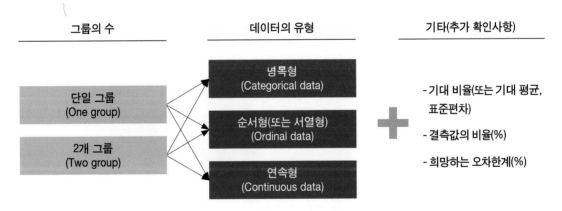

- 연구자의 경우 위와 같은 사항 정도만의 정보만 사전에 정의하면, Step-by-step Guide에서 필요한 표본크기를 계산할 수 있다.(일반적으로 위의 항목 정도는 연구 설계 단계에서 이미 정의 또는 파악이 될 수 있는 사항이라고 할 수 있다.)

- 3개 이상의 그룹이거나 또는 그룹 수가 정해지지 않았거나, 데이터의 유형 등이 정해져 있지 않다면, Step-by-step Guide를 사용하여 최적 표본크기를 계산할 수 없으니 유의하도록 한다.

02 Step-by-step Guide(간단 Guide)의 시작

① 클릭 — Step-by-step guide를 선택한다.

몇 개의 질문에 답변만 하면 간단하게 원하는 표본크기가 계산되는 모듈이라는 것을 안내하고 있다.

② 클릭 — Next를 선택한다.

연구사의 연구에 있어서 여러 개의 item이 있을 것이라는 전제와 이 Guide를 사용하여 적정 표본크기를 계산하기 위해서는, 한 개의 item씩 차례대로 각각 적용하라는 안내를 하고 있다.

③ 클릭 — Next를 선택한다.

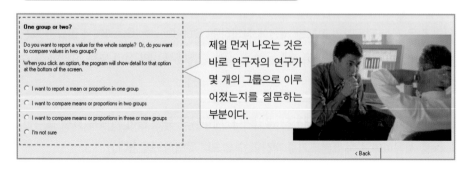

제일 먼저 나오는 것은 바로 연구자의 연구가 몇 개의 그룹으로 이루어졌는지를 질문하는 부분이다.

문제

모 지역 국회의원을 선출하는데, 홍OO(Hong) 씨, 이OO(Lee) 씨, 김OO(Kim) 씨 3명이 출마를 하였다. 사전에 이들에 대한 기대 득표율은 Hong이 52%, Lee가 37% 그리고 Kim이 11%였다. 이 경우 오차한계를 ±5% 내에서 분석을 하고자 한다. 이때 이들을 분석하기 위해서 필요한 표본크기는 얼마인가? SPSS Sample Power의 Step-by-step guide를 이용하여 추출하라.(단, 결측값은 없다고 가정한다.)

➡ • 대표적인 단일 그룹(One group)의 명목형(Hong, Lee, Kim: 3개 범주)의 정보를 가지고 있는 자료라고 할 수 있다.

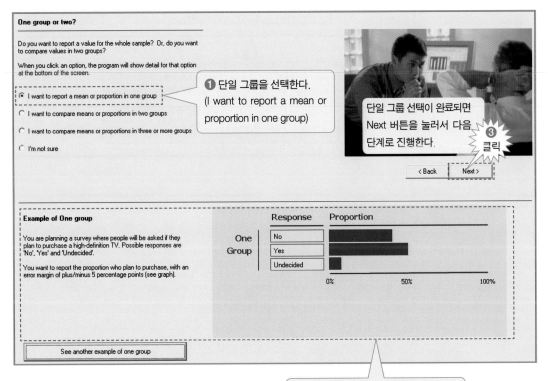

그룹의 수를 잘 모른다고 선택하는 경우

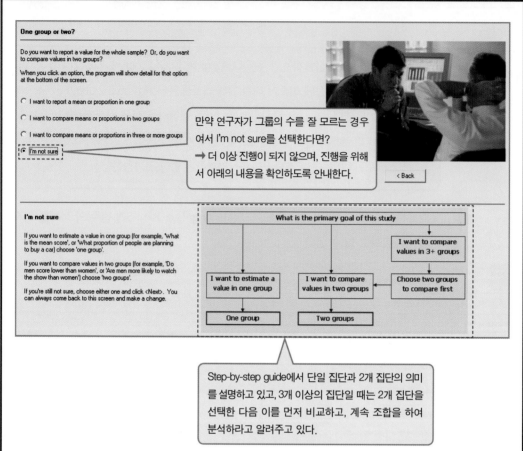

One group or two?

Do you want to report a value for the whole sample? Or, do you want to compare values in two groups?

When you click an option, the program will show detail for that option at the bottom of the screen.

○ I want to report a mean or proportion in one group

○ I want to compare means or proportions in two groups

○ I want to compare means or proportions in three or more groups

● I'm not sure

< Back

> 만약 연구자가 그룹의 수를 잘 모르는 경우
> 여서 I'm not sure를 선택한다면?
> → 더 이상 진행이 되지 않으며, 진행을 위해
> 서 아래의 내용을 확인하도록 안내한다.

I'm not sure

If you want to estimate a value in one group (for example, 'What is the mean score', or 'What proportion of people are planning to buy a car) choose 'one group'.

If you want to compare values in two groups (for example, 'Do men score lower than women', or 'Are men more likely to watch the show than women') choose 'two groups'.

If you're still not sure, choose either one and click <Next>. You can always come back to this screen and make a change.

What is the primary goal of this study

I want to compare values in 3+ groups

I want to estimate a value in one group

I want to compare values in two groups

Choose two groups to compare first

One group

Two groups

> Step-by-step guide에서 단일 집단과 2개 집단의 의미
> 를 설명하고 있고, 3개 이상의 집단일 때는 2개 집단을
> 선택한 다음 이를 먼저 비교하고, 계속 조합을 하여
> 분석하라고 알려주고 있다.

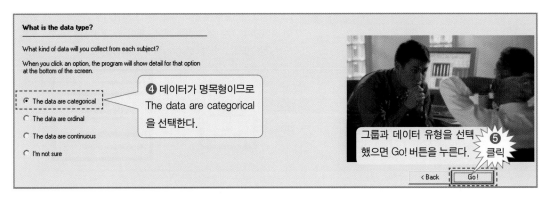

- The data are categorical: 범주형 데이터
  (ex: 성별, 직업, 학력수준, 후보자, 약의 종류, 치료방법의 종류, 교육방법의 종류)

- The data are ordinal: 순서형(서열형) 데이터
  (ex: 선호도, 인지도, 구매의향에 대한 5점/7점 리커트 척도가 대표적)

- The data are continuous: 연속형 데이터
  (ex: 키, 몸무게, 혈액 속의 약 성분, 혈압, 각종 검사 수치 등)

- I'm not sure(정할 수 없음) ➡ 더 이상 Sample Power에서 작업이 진행되지 않는다.

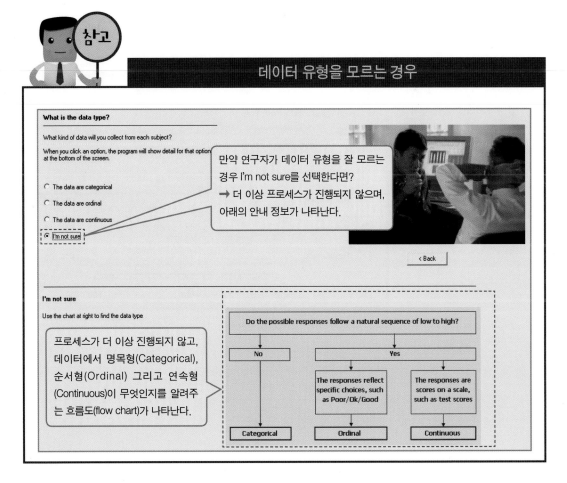

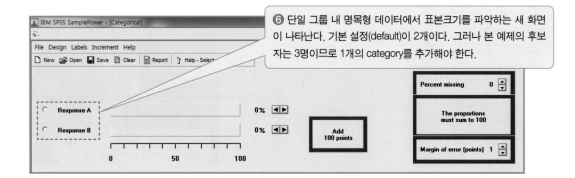

❻ 단일 그룹 내 명목형 데이터에서 표본크기를 파악하는 새 화면이 나타난다. 기본 설정(default)이 2개이다. 그러나 본 예제의 후보자는 3명이므로 1개의 category를 추가해야 한다.

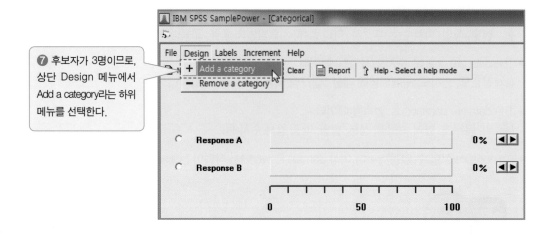

❼ 후보자가 3명이므로, 상단 Design 메뉴에서 Add a category라는 하위 메뉴를 선택한다.

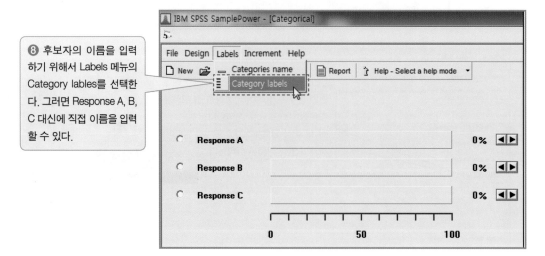

❽ 후보자의 이름을 입력하기 위해서 Labels 메뉴의 Category lables를 선택한다. 그러면 Response A, B, C 대신에 직접 이름을 입력할 수 있다.

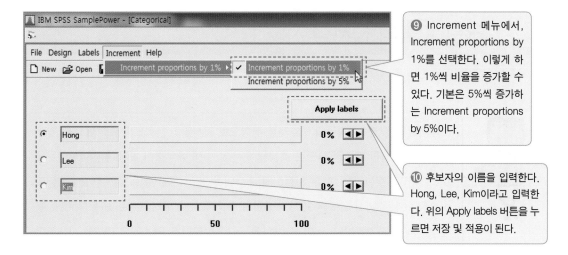

⑨ Increment 메뉴에서, Increment proportions by 1%를 선택한다. 이렇게 하면 1%씩 비율을 증가할 수 있다. 기본은 5%씩 증가하는 Increment proportions by 5%이다.

⑩ 후보자의 이름을 입력한다. Hong, Lee, Kim이라고 입력한다. 위의 Apply labels 버튼을 누르면 저장 및 적용이 된다.

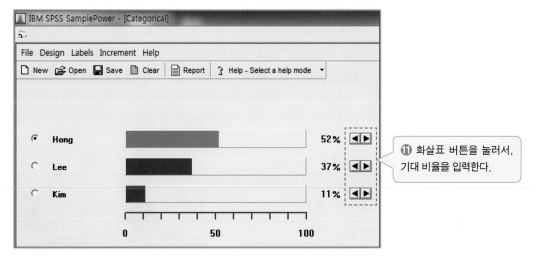

⑪ 화살표 버튼을 눌러서, 기대 비율을 입력한다.

⑫ 기대(예상)되는 결측값의 비율을 입력한다. 본 예제는 결측이 없다고 가정했으므로 0으로 입력한다.

⑭ 최종 기대되는 표본크기(Sample size)는 384개임을 알 수 있다.

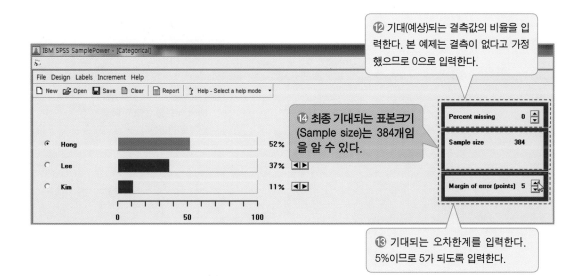

⑬ 기대되는 오차한계를 입력한다. 5%이므로 5가 되도록 입력한다.

04 단일 그룹의 순서형 자료

문제

A 대학병원에서는 환자들의 보호자를 대상으로 의사들의 친절도를 측정하고자 한다. 친절도를 측정할 때 5점 척도로 측정을 하는데, 1번: 매우불만, 2번: 불만, 3번: 보통이다, 4번: 친절함, 5번: 매우 친절이라고 정의하였다. 이때 1번의 비율은 9%, 2번의 비율은 16%, 3번의 비율은 23%, 4번의 비율은 40%, 그리고 5번의 비율은 12% 정도 될 것이라고 기대하고 있다. 오차한계 ±0.2 정도이고, 결측값은 약 2% 발생한다고 했을 때의 최적 표본크기는 얼마인가?

➡ • 5점 척도로 친절도를 측정한 것이 대표적인 순서형(서열형)의 자료라고 할 수 있다. 따라서 별다른 집단 구분 없이 서열형 자료를 사용했으므로, 단일 그룹의 순서형 자료 형태라고 할 수 있다.

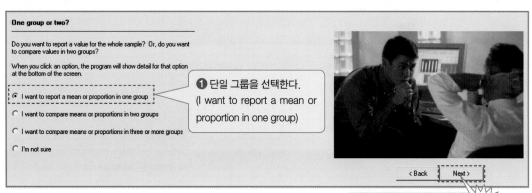

❶ 단일 그룹을 선택한다.
(I want to report a mean or proportion in one group)

단일 그룹 선택이 완료되면
Next 버튼을 눌러서 다음
단계로 진행한다.

❷ 클릭

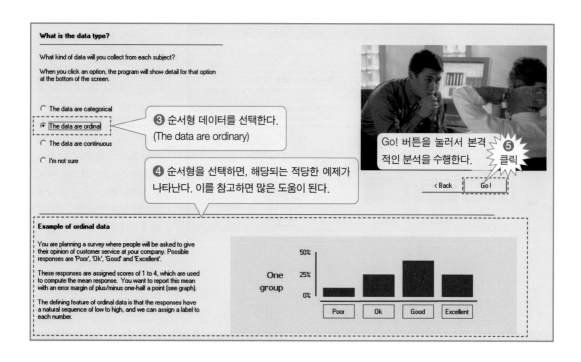

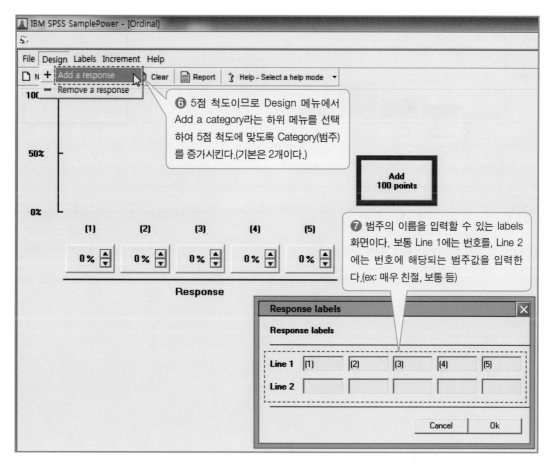

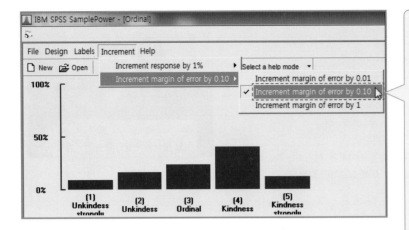

⑧ 순서형 데이터에서 중요한 것은 오차한계를 입력할 때 %(퍼센트, 비율)가 아니라 일반값이라는 것이다. 즉, 이 경우 1점 ~5점까지 나올 수 있는 값에서 ±0.2라는 것은 평균이 3이라면 2.8~3.2까지 나올 수 있다는 것이다. 따라서 이 경우 증가량이 0.01 단위, 0.1 단위, 1 단위 등으로 나오는데, 보통 소수점 첫째 자리에서 결정되는 경우가 많다.(절대적인 것은 아니다.)

⑩ 결측값의 비율이 2% 정도 발생한다고 예상되므로 2를 입력한다.

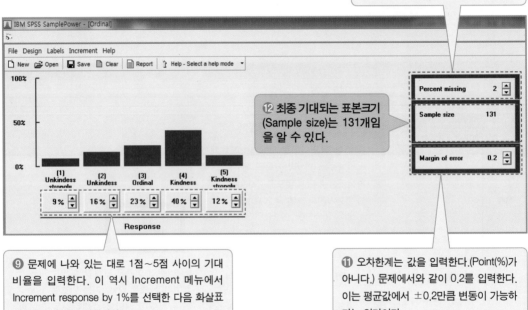

⑫ 최종 기대되는 표본크기 (Sample size)는 131개임을 알 수 있다.

⑨ 문제에 나와 있는 대로 1점~5점 사이의 기대 비율을 입력한다. 이 역시 Increment 메뉴에서 Increment response by 1%를 선택한 다음 화살표 버튼을 이용하여 지정한다.

⑪ 오차한계는 값을 입력한다.(Point(%)가 아니다.) 문제에서와 같이 0.2를 입력한다. 이는 평균값에서 ±0.2만큼 변동이 가능하다는 의미이다.

05 단일 그룹의 연속형 자료

문제

A 건설회사의 신입사원 TOEIC 점수는 보통 최소 200점에서 950점까지 나오게 된다.(단, 만점은 990점이다.) 표준편차는 70 정도이며, 보통 평균이 600점이다. 연구자는 현재 평균이 기대 평균 600점에서 ±20점 정도(580점~620점) 사이에서 발생하기를 원한다고 할 때 적절한 표본크기는 얼마인가?(단, 결측값은 없다고 가정한다.)

➡ • TOEIC 점수 및 각종 검사치 측정치들이 대표적인 연속형 자료의 형태이다. 연속형 자료를 사용할 때에는 명목형이나 순서형과는 달리 평균값과 표준편차를 기대 비율을 대신해서 파악해두는 것이 중요하다.

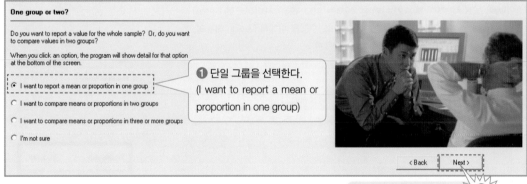

One group or two?

Do you want to report a value for the whole sample? Or, do you want to compare values in two groups?

When you click an option, the program will show detail for that option at the bottom of the screen.

❶ 단일 그룹을 선택한다.
(I want to report a mean or proportion in one group)

⊙ I want to report a mean or proportion in one group

○ I want to compare means or proportions in two groups

○ I want to compare means or proportions in three or more groups

○ I'm not sure

‹ Back   Next ›

단일 그룹 선택이 완료되면 Next 버튼을 눌러서 다음 단계로 진행한다.

❷ 클릭

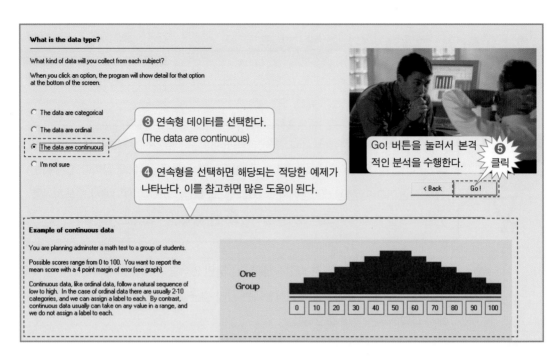

What is the data type?

What kind of data will you collect from each subject?

When you click an option, the program will show detail for that option at the bottom of the screen.

○ The data are categorical

○ The data are ordinal

● The data are continuous

○ I'm not sure

❸ 연속형 데이터를 선택한다.
(The data are continuous)

❹ 연속형을 선택하면 해당되는 적당한 예제가 나타난다. 이를 참고하면 많은 도움이 된다.

Go! 버튼을 눌러서 본격적인 분석을 수행한다.

❺ 클릭

< Back   Go!

Example of continuous data

You are planning administer a math test to a group of students.

Possible scores range from 0 to 100. You want to report the mean score with a 4 point margin of error (see graph).

Continuous data, like ordinal data, follow a natural sequence of low to high. In the case of ordinal data there are usually 2-10 categories, and we can assign a label to each. By contrast, continuous data usually can take on any value in a range, and we do not assign a label to each.

One Group

| 0 | 10 | 20 | 30 | 40 | 50 | 60 | 70 | 80 | 90 | 100 |

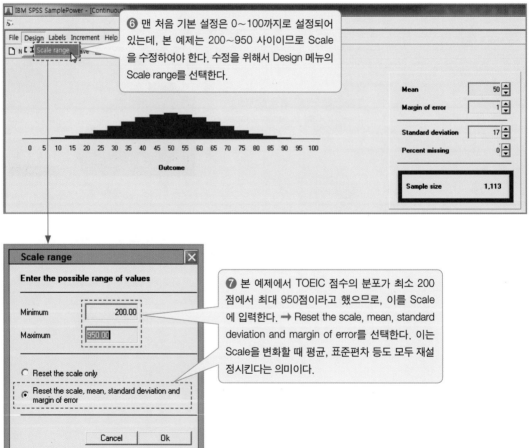

❻ 맨 처음 기본 설정은 0~100까지로 설정되어 있는데, 본 예제는 200~950 사이이므로 Scale을 수정하여야 한다. 수정을 위해서 Design 메뉴의 Scale range를 선택한다.

IBM SPSS SamplePower - [Continuous

File | Design | Labels | Increment | Help

Scale range

Mean   50

Margin of error   1

Standard deviation   17

Percent missing   0

Outcome

Sample size   1,113

Scale range

Enter the possible range of values

Minimum   200.00

Maximum   950.00

○ Reset the scale only

● Reset the scale, mean, standard deviation and margin of error

Cancel   Ok

❼ 본 예제에서 TOEIC 점수의 분포가 최소 200점에서 최대 950점이라고 했으므로, 이를 Scale에 입력한다. ➡ Reset the scale, mean, standard deviation and margin of error를 선택한다. 이는 Scale을 변화할 때 평균, 표준편차 등도 모두 재설정시킨다는 의미이다.

⑧ 연속형 데이터의 범위가 최소 200에서 최대 950으로 변경된 것을 알 수가 있다.

⑨ 문제에 있는 것과 동일하게 평균(Mean)은 600점, 오차한계는 ±20이므로 Margin of error에 20, 그리고 표준편차(Standard deviation)는 70이므로 70을 입력한다. 또한 결측값은 없다고 가정했으므로 0으로 정의한다.

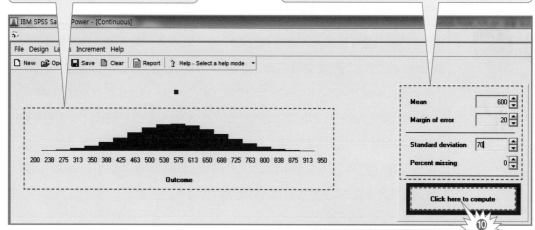

모든 값이 입력되었으면 표본크기를 계산하기 위하여 Click here to compute 버튼을 누른다.

⑩ 클릭

⑪ 분포가 변경된 것을 알 수 있다.

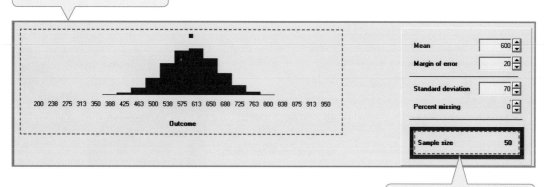

⑫ 해당되는 적절한 표본크기는 50임을 알 수 있다.

06 | 2개 그룹의 명목형 자료

앞의 단일 그룹의 명목형 자료에 대한 예제에서 모 지역 국회의원의 기대 득표율이 남성과 여성 2개 집단에 따라 다르다고 알려져 있다. 남성의 기대 득표율은 Hong씨가 45%, Lee씨가 40%, Kim씨가 15%이며, 여성의 기대 득표율은 Hong씨가 41%, Lee씨가 33%, Kim씨가 26%라고 알려져 있다. 이때 앞의 예제와 동일하게 오차한계를 ±5% 내에서 분석을 하고자 한다. 이때 이들을 분석하기 위해서 필요한 표본크기는 몇 명인가? 검정력 80%를 만족하도록 SPSS Sample Power의 Step-by-step guide 를 이용하여 추출하라.(단, 앞의 예제와 동일하게 결측값은 없다고 가정한다.)

➡ • 앞의 예제와 같이 명목형의 자료이지만, 남성과 여성이라는 2개의 그룹(집단)으로 나누어져 있는 것이 다른 점이라고 할 수 있다.

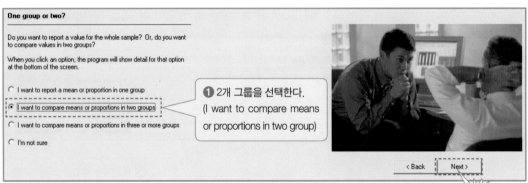

One group or two?

Do you want to report a value for the whole sample? Or, do you want to compare values in two groups?

When you click an option, the program will show detail for that option at the bottom of the screen.

○ I want to report a mean or proportion in one group

● I want to compare means or proportions in two groups

○ I want to compare means or proportions in three or more groups

○ I'm not sure

❶ 2개 그룹을 선택한다.
(I want to compare means or proportions in two group)

< Back   Next >

2개 그룹 선택이 완료되면
Next 버튼을 눌러서 다음
단계로 진행한다.
❷ 클릭

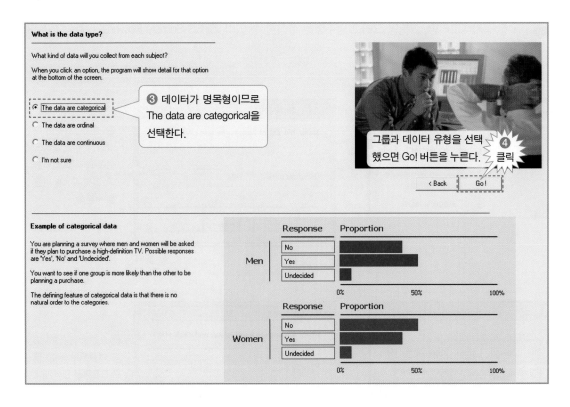

What is the data type?

What kind of data will you collect from each subject?

When you click an option, the program will show detail for that option at the bottom of the screen.

⦿ The data are categorical

○ The data are ordinal

○ The data are continuous

○ I'm not sure

③ 데이터가 명목형이므로 The data are categorical을 선택한다.

그룹과 데이터 유형을 선택했으면 Go! 버튼을 누른다. ④ 클릭

< Back   Go !

Example of categorical data

You are planning a survey where men and women will be asked if they plan to purchase a high-definition TV. Possible responses are 'Yes', 'No' and 'Undecided'.

You want to see if one group is more likely than the other to be planning a purchase.

The defining feature of categorical data is that there is no natural order to the categories.

Men — Response: No / Yes / Undecided — Proportion: 0% 50% 100%

Women — Response: No / Yes / Undecided — Proportion: 0% 50% 100%

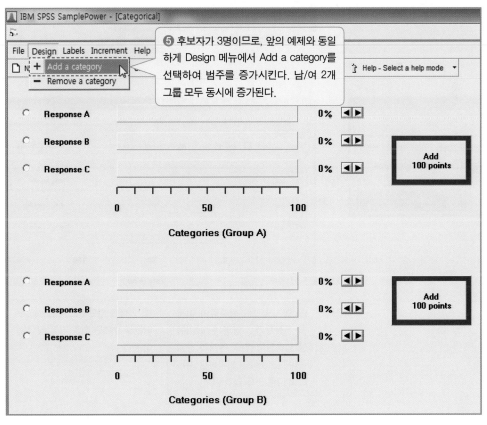

IBM SPSS SamplePower - [Categorical]

File Design Labels Increment Help

+ Add a category
− Remove a category

⑤ 후보자가 3명이므로, 앞의 예제와 동일하게 Design 메뉴에서 Add a category를 선택하여 범주를 증가시킨다. 남/여 2개 그룹 모두 동시에 증가된다.

Help - Select a help mode ▾

○ Response A   0% ◄►
○ Response B   0% ◄►   Add
○ Response C   0% ◄►   100 points

0   50   100

Categories (Group A)

○ Response A   0% ◄►
○ Response B   0% ◄►   Add
○ Response C   0% ◄►   100 points

0   50   100

Categories (Group B)

- 전체 카테고리명, 그룹명 그리고 범주명을 설정할 수 있다. SPSS Sample Power의 Labels 메뉴에서 각종 이름을 설정할 수 있다.

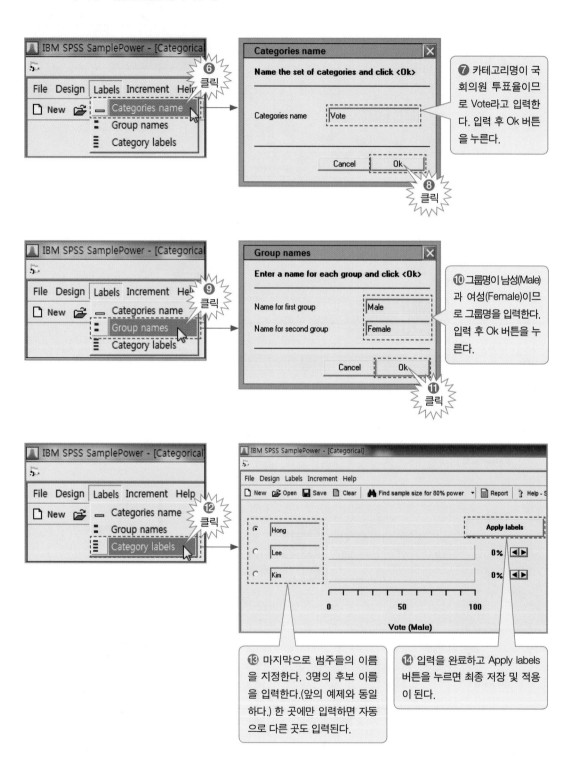

❼ 카테고리명이 국회의원 투표율이므로 Vote라고 입력한다. 입력 후 Ok 버튼을 누른다.

❿ 그룹명이 남성(Male)과 여성(Female)이므로 그룹명을 입력한다. 입력 후 Ok 버튼을 누른다.

⓭ 마지막으로 범주들의 이름을 지정한다. 3명의 후보 이름을 입력한다.(앞의 예제와 동일하다.) 한 곳에만 입력하면 자동으로 다른 곳도 입력된다.

⓮ 입력을 완료하고 Apply labels 버튼을 누르면 최종 저장 및 적용이 된다.

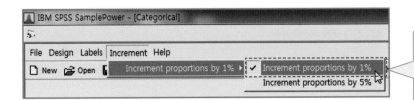

⓯ 앞의 예제와 동일하게 Increment proportions by 1%를 선택하여, 1%씩 증가/ 감소할 수 있도록 지정한다.

⓱ 결측값은 없다는 가정이 있으므로 0으로 입력한다.

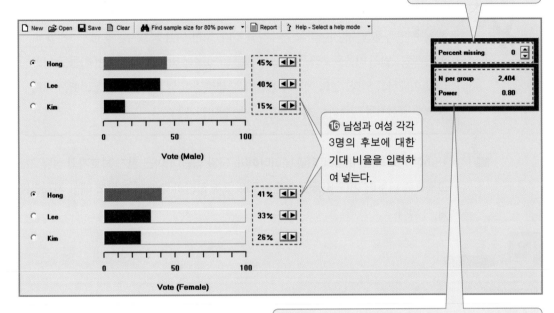

⓰ 남성과 여성 각각 3명의 후보에 대한 기대 비율을 입력하 여 넣는다.

⓲ 검정력(Power)은 자동으로 80%를 기준으로 설정되어 있 다.(위의 Find sample size for 80% power 버튼을 눌러 검정 력의 기준을 바꿀 수 있다.) 최종적으로는 그룹당 2,404명이 최적 표본크기로 계산되어 있다. 2개 그룹 합해서 4,808명이 최적 표본크기이다.

07 2개 그룹의 순서형 자료

문제
앞의 A 대학병원의 환자 보호자들의 의사 친절도에 대한 연구에서, 이 또한 보호자들이 남/여별로 5점 척도의 비율이 다른 것으로 기대가 된다. 남성 보호자들의 경우 1번의 비율은 11%, 2번의 비율은 20%, 3번의 비율은 25%, 4번의 비율은 30%, 5번의 비율은 14% 정도 될 것이라고 기대하고 있다. 또한 여성 보호자들의 경우 1번의 비율은 8%, 2번의 비율은 13%, 3번의 비율은 27%, 4번 비율은 41%, 5번 비율은 11%라고 기대하고 있다. 앞의 예제와 동일하게, 결측값이 약 2% 발생한다고 했을 때의 80%의 검정력을 만족하는 최적 표본크기는 얼마인가?

➡ • 1~5점 척도의 순서형(서열형) 데이터이며, 단일 집단이 아닌 환자 보호자의 성별 2개 그룹으로 나누어 기대 비율을 가정하므로, 2개 집단의 순서형 자료에 대한 자료임을 알 수 있다.

따라 하세요

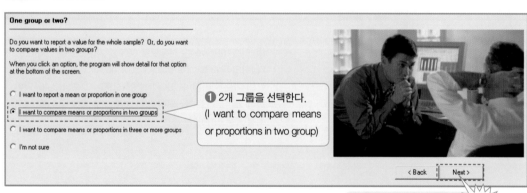

One group or two?

Do you want to report a value for the whole sample? Or, do you want to compare values in two groups?

When you click an option, the program will show detail for that option at the bottom of the screen.

○ I want to report a mean or proportion in one group

◉ I want to compare means or proportions in two groups

○ I want to compare means or proportions in three or more groups

○ I'm not sure

❶ 2개 그룹을 선택한다.
(I want to compare means
or proportions in two group)

< Back   Next >

2개 그룹 선택이 완료되면
Next 버튼을 눌러서 다음
단계로 진행한다.

❷ 클릭

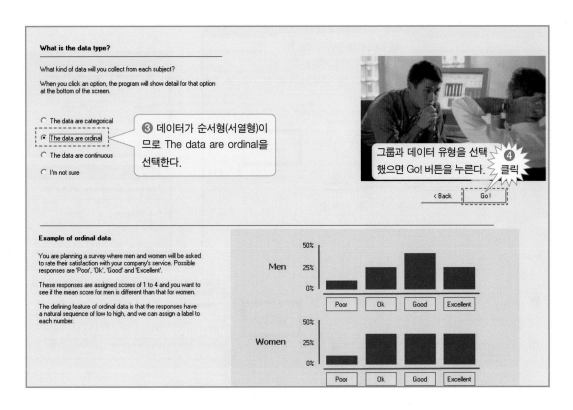

What is the data type?

What kind of data will you collect from each subject?

When you click an option, the program will show detail for that option at the bottom of the screen.

- The data are categorical
- The data are ordinal
- The data are continuous
- I'm not sure

❸ 데이터가 순서형(서열형)이므로 The data are ordinal을 선택한다.

그룹과 데이터 유형을 선택했으면 Go! 버튼을 누른다. ❹ 클릭

< Back   Go!

Example of ordinal data

You are planning a survey where men and women will be asked to rate their satisfaction with your company's service. Possible responses are 'Poor', 'Ok', 'Good' and 'Excellent'.

These responses are assigned scores of 1 to 4 and you want to see if the mean score for men is different than that for women.

The defining feature of ordinal data is that the responses have a natural sequence of low to high, and we can assign a label to each number.

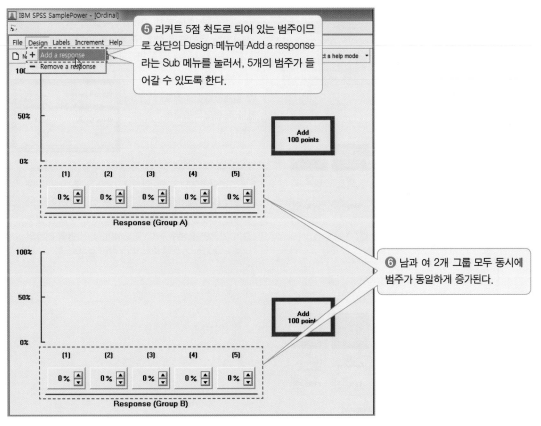

IBM SPSS SamplePower - [Ordinal]

File Design Labels Increment Help

Add a response
Remove a response

❺ 리커트 5점 척도로 되어 있는 범주이므로 상단의 Design 메뉴에 Add a response 라는 Sub 메뉴를 눌러서, 5개의 범주가 들어갈 수 있도록 한다.

Add 100 points

(1) (2) (3) (4) (5)

0% 0% 0% 0% 0%

Response (Group A)

❻ 남과 여 2개 그룹 모두 동시에 범주가 동일하게 증가된다.

Add 100 point

(1) (2) (3) (4) (5)

0% 0% 0% 0% 0%

Response (Group B)

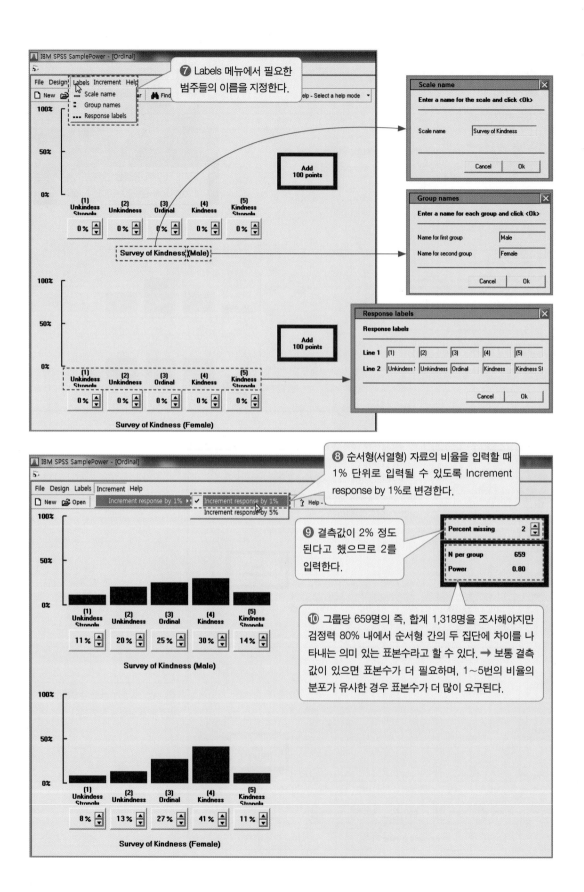

08 | 2개 그룹의 연속형 자료

문제

앞의 건설회사 신입사원 TOEIC 점수 예제에서, 신입사원 또한 남성과 여성에 따라서 평균이 다르다고 기대가 되고 있다. 역시 동일하게, A 건설회사의 남/여 신입사원 TOEIC 점수의 만점은 990점이며, 보통 최소 200점에서 950점까지 나오는 것 또한 동일하다고 할 때, 남성 신입사원은 평균이 580점, 여성은 평균이 610점으로 기대되고 있다. 표준편차는 공통적으로 70 정도에서 발생하기를 원한다고 할 때, 검정력 80%를 만족하는 적절한 표본크기는 얼마인가?(단, 결측값은 없다고 가정한다.)

➡ • 남성과 여성에 따라 TOEIC 점수의 평균이 다르다고 기대가 되기 때문에, 2개 그룹(남/여)의 연속형 자료에서의 표본추출의 사례이다. 이 경우 SPSS Sample Power에서는 두 그룹 간 등분산을 원칙으로 하므로 표준편차와 오차한계는 2개 그룹들 간에 동일한 값으로 정의를 한다.(단, TOEIC 점수 범위의 경우 남과 여 2개 그룹이 다를 수 있는데, 이때는 2개 그룹의 합집합 개념으로 범위를 설정한다.)

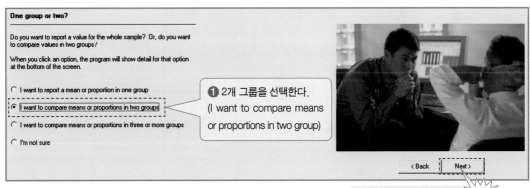

❶ 2개 그룹을 선택한다.
(I want to compare means or proportions in two group)

2개 그룹 선택이 완료되면 Next 버튼을 눌러서 다음 단계로 진행한다. **❷ 클릭**

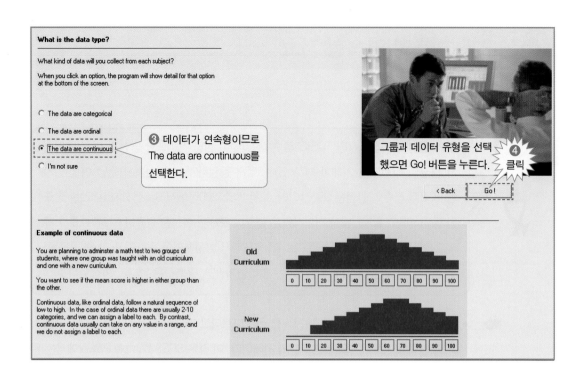

What is the data type?

What kind of data will you collect from each subject?

When you click an option, the program will show detail for that option at the bottom of the screen.

○ The data are categorical
○ The data are ordinal
◉ The data are continuous
○ I'm not sure

❸ 데이터가 연속형이므로 The data are continuous를 선택한다.

그룹과 데이터 유형을 선택했으면 Go! 버튼을 누른다. ❹ 클릭

< Back   Go!

Example of continuous data

You are planning to administer a math test to two groups of students, where one group was taught with an old curriculum and one with a new curriculum.

You want to see if the mean score is higher in either group than the other.

Continuous data, like ordinal data, follow a natural sequence of low to high. In the case of ordinal data there are usually 2-10 categories, and we can assign a label to each. By contrast, continuous data usually can take on any value in a range, and we do not assign a label to each.

Old Curriculum
0 10 20 30 40 50 60 70 80 90 100

New Curriculum
0 10 20 30 40 50 60 70 80 90 100

❻ 상단의 Design 메뉴의 Scale range를 눌러서, 앞의 단일 그룹과 동일하게 TOEIC의 최소를 200점 최대 950점으로 정의한다.(남/여 2개 그룹 공통으로 적용된다.)

IBM SPSS SamplePow... [...ous]
5...
❺ 클릭

File Design Labels In...efl... Help
New Scale range Save Clear Find sample size for 80% power ▾ Report Help - Select a help mode ▾

200 238 275 313 350 388 425 463 500 538 575 613 650 688 725 763 800 838 875 913 950

Outcome

200 238 275 313 350 388 425 463 500 538 575 613 650 688 725 763 800 838 875 913 950

Outcome

Scale range

Enter the possible range of values

Minimum   200.00
Maximum   950

○ Reset the scale only
◉ Reset the scale, mean, standard deviation and margin of error

Cancel   Ok

❼ 기본 설정인 0~100 사이의 값에서 200~950 사이의 분포 그림으로 바뀌게 된다.

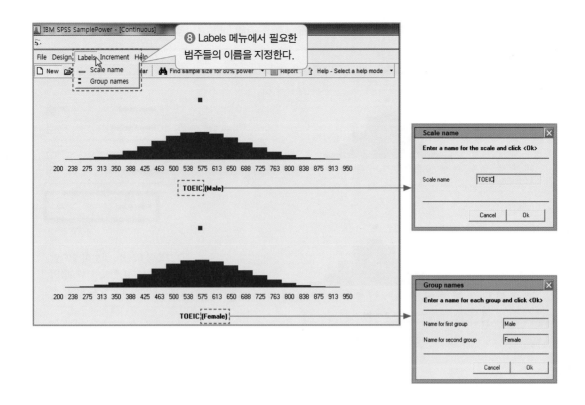

⑧ Labels 메뉴에서 필요한 범주들의 이름을 지정한다.

⑨ 남성(Male)의 평균에 580, 여성(Female)의 평균에 610점을 입력한다. 또한 표준편차는 동일하게 70으로 입력하며, 결측값은 없기 때문에 0으로 그대로 둔다.

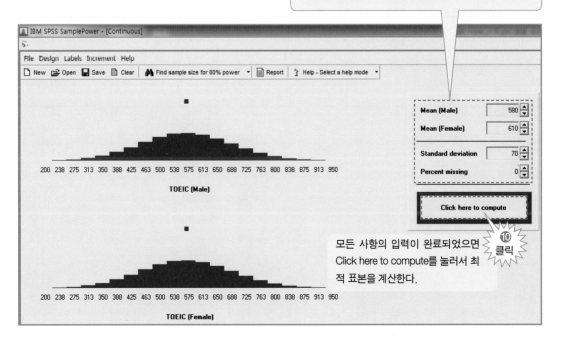

모든 사항의 입력이 완료되었으면 Click here to compute를 눌러서 최적 표본을 계산한다.

⑩ 클릭

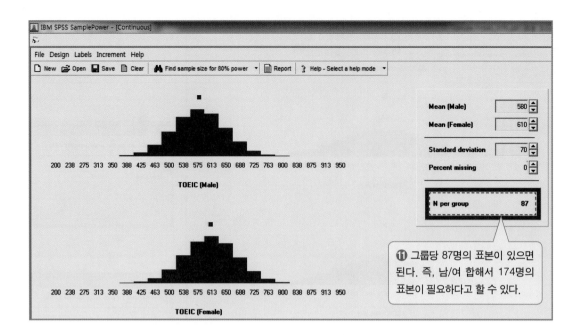

⑪ 그룹당 87명의 표본이 있으면 된다. 즉, 남/여 합해서 174명의 표본이 필요하다고 할 수 있다.

Step-by-step guide에서 보면 결측값 비율을 입력하는 곳이 있는데, 일반적으로 결측값의 계산에 있어서 가장 혼란스러운 것이 미정(Undecided)과 무응답(Missing)에 대한 사항이다.

- 미정(Undecided)은 응답자의 의견 중 하나일 가능성이 있으며,

- 무응답(Missing)은 진정으로 결측값일 가능성이 있고, 이 또한 의견 중 하나로 정의할 수도 있다.

→ 따라서 연구 목적에 따라서 결측값에 대한 정의를 명확하게 해야 한다.

100명의 설문 응답자 중에서, "당신은 안락사(安樂死)에 대하여 찬성하십니까?"라는 질문에 있어서 No의 비율이 45%, Yes의 비율이 50%, 미정(Undecided)이 3%, 무응답이 2%라고 가정해보자.

만약 연구자가 "설문조사 대상자 전체에서 안락사를 찬성하는 비율은 얼마인가?"를 연구하고 싶은 경우

$$\frac{\text{찬성}}{\text{찬성} + \text{반대} + \text{미정} + \text{무응답}} = \frac{50}{50 + 45 + 3 + 2}$$

→ 이 경우에는 설문조사 대상자의 전체를 기준을 통해 찬선의 비율을 파악하고자 하므로, 무응답과 미정 모두 결측으로 인정해선 안 된다.

→ 따라서 결측값은 0이 되어야 한다.

만약 연구자가 "의견을 피력한 응답자 중에서 안락사를 찬성하는 비율은 얼마인가?"를 연구하고 싶은 경우

$$\frac{\text{찬성}}{\text{찬성} + \text{반대} + \text{미정}} = \frac{50}{50 + 45 + 3}$$

→ 이 경우에는 의견을 피력한 응답자 전체를 기준으로 했을 때의 찬성 비율을 파악하고자 하므로, 미정만 포함하고 무응답은 제외를 한다.

→ 따라서 결측값은 2(%)가 되어야 한다.

※ 인용: SPSS Sample Power Manual, SPSS Korea 컨설팅팀 저, 데이타솔루션.

부록2

통계분포표

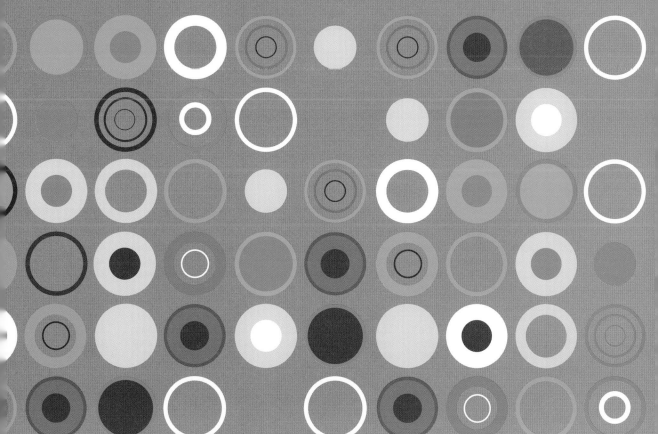

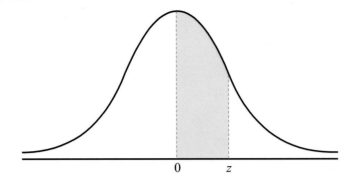

이 표는 Z＝0에서 Z값까지의 면적을 나타낸다. 예를 들어 Z＝1.25일 때 0~1.25 사이의 면적은 0.3944이다.

Z	.00	.01	.02	.03	.04	.05	.06	.07	08	.09
0.0	.0000	.0040	.0080	.012	.0160	.0199	.0239	.0279	.0319	.0359
0.1	.0398	.0438	.0478	.0517	.0557	.0596	.0636	.0675	.0714	.0753
0.2	.0793	.0832	.0871	.0910	.0948	.0987	.1026	.1064	.1103	.1141
0.3	.1179	.1217	.1255	.1293	.1331	.1368	.1406	.1443	.1480	.1517
0.4	.1554	.1591	.1628	.1664	.1700	.1736	.1772	.1808	.1844	.1879
0.5	.1915	.1950	.1985	.2019	.2054	.2088	.2123	.2157	.2190	.2224
0.6	.2257	.2291	.2324	.2357	.2389	.2422	.2454	.2486	.2517	.2549
0.7	.2580	.2611	.2642	.2673	.2704	.2734	.2764	.2794	.2823	.2852
0.8	.2881	.2910	.2939	.2967	.2995	.3023	.3051	.3078	.3106	.3133
0.9	.3159	.3186	.3212	.3238	.3264	.3289	.3315	.3340	.3365	.3389
1.0	.3413	.3438	.3461	.3485	.3508	.3531	.3554	.3577	.3599	.3621
1.1	.3643	.3665	.3686	.3708	.3279	.3749	.3770	.3790	.3810	.3830
1.2	.3849	.3869	.3888	.3907	.3925	.3944	.3962	.3980	.3997	.4015
1.3	.4032	.4049	.4066	.4082	.4099	.4115	.4131	.4147	.4162	.4177
1.4	.4192	.4207	.4222	.4236	.4251	.4265	.4279	.4292	.4306	.4319
1.5	.4332	.4345	.4357	.4370	.7382	.4394	.4406	.4418	.4429	.4441
1.6	.4452	.4463	.4474	.4484	.4495	.4505	.4515	.4525	.4535	.4545
1.7	.4554	.4564	.4573	.4582	.4591	.4599	.4608	.4616	.4625	.4633
1.8	.4641	.4649	.4656	.4664	.4671	.4678	.4686	.4693	.4699	.4706
1.9	.4713	.4719	.4726	.4732	.4738	.4744	.4750	.4756	.4761	.4767
2.0	.4772	.4778	.4783	.4788	.4793	.4798	.4803	.4808	.4812	.4817
2.1	.4821	.4826	.4830	.4834	.4838	.4842	.4846	.4850	.4856	.4857
2.2	.4861	.4864	.4868	.4871	.4875	.4878	.4881	.4884	.4887	.4890
2.3	.4893	.4896	.4898	.4901	.4904	.4906	.4909	.4911	.4913	.4916
2.4	.4918	.4920	.4922	.4925	.4927	.4929	.4931	.4932	.4934	.4936
2.5	.4938	.4940	.4941	.4943	.4945	.4946	.4948	.4949	.4951	.4952
2.6	.4953	.4955	.4956	.4957	.4959	.4960	.4961	.4962	.4963	.4964
2.7	.4965	.4966	.4967	.4968	.4969	.4970	.4971	.4972	.4973	.4974
2.8	.4974	.4975	.4976	.4977	.4977	.4978	.4979	.4979	.4980	.4981
2.9	.4981	.4982	.4982	.4983	.4984	.4984	.4985	.4985	.4986	.4986
3.0	.4987	.4987	.4987	.4988	.4988	.4989	.4989	.4989	.4990	.4990

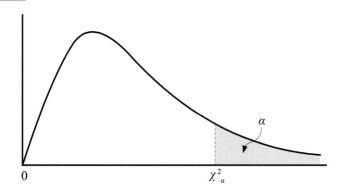

d.f.	$\chi_{0.990}$	$\chi_{0.975}$	$\chi_{0.950}$	$\chi_{0.900}$	$\chi_{0.500}$	$\chi_{0.100}$	$\chi_{0.050}$	$\chi_{0.025}$	$\chi_{0.010}$	$\chi_{0.005}$
1	0.0002	0.0001	0.004	0.02	0.45	2.71	3.84	5.02	6.63	7.88
2	0.02	0.05	0.10	0.21	1.39	4.61	5.99	7.38	9.21	10.60
3	0.11	0.22	0.35	0.58	2.37	6.25	7.81	9.35	11.34	12.84
4	0.30	0.48	0.71	1.06	3.36	7.78	9.49	11.14	13.28	14.86
5	0.55	0.83	1.15	1.61	4.35	9.24	11.07	12.83	15.09	16.75
6	0.87	1.24	1.64	2.20	5.35	10.64	12.59	14.45	16.81	18.55
7	1.24	1.69	2.17	2.83	6.35	12.02	14.07	16.01	18.48	20.28
8	1.65	2.18	2.73	3.49	7.34	13.36	15.51	17.53	20.09	21.95
9	2.09	2.70	3.33	4.17	8.34	14.68	16.92	19.02	21.67	23.59
10	2.56	3.25	3.94	4.87	9.34	15.99	18.31	20.48	23.21	25.19
11	3.05	3.82	4.57	5.58	10.34	17.28	19.68	21.92	24.72	26.76
12	3.57	4.40	5.23	6.30	11.34	18.55	21.03	23.34	26.22	28.30
13	4.11	5.01	5.89	7.04	12.34	19.81	22.36	24.74	27.69	29.82
14	4.66	5.63	6.57	7.79	13.34	21.06	23.68	26.12	29.14	31.32
15	5.23	6.26	7.26	8.55	14.34	22.31	25.00	27.49	30.58	32.80
16	5.81	6.91	7.96	9.31	15.34	23.54	26.30	28.85	32.00	34.27
17	6.41	7.56	8.67	10.09	16.34	24.77	27.59	30.19	33.41	35.72
18	7.01	8.23	9.39	10.86	17.34	25.99	28.87	31.53	34.81	37.16
19	7.63	8.91	10.12	11.65	18.34	27.20	30.14	32.85	36.19	38.58
20	8.26	9.59	10.85	12.44	19.34	28.41	31.14	34.17	37.57	40.00
21	8.90	10.28	11.59	13.24	20.34	29.62	32.67	35.48	38.93	41.40
22	9.54	10.98	12.34	14.04	21.34	30.81	33.92	36.78	40.29	42.80
23	10.20	11.69	13.09	14.85	22.34	32.01	35.17	38.08	41.64	44.18
24	10.86	12.40	13.85	15.66	23.34	33.20	36.74	39.36	42.98	45.56
25	11.52	13.12	14.61	16.47	24.34	34.38	37.92	40.65	44.31	46.93
26	12.20	13.84	15.38	17.29	25.34	35.56	38.89	41.92	45.64	48.29
27	12.83	14.57	16.15	18.11	26.34	36.74	40.11	43.19	46.96	49.64
28	13.56	15.31	16.93	18.94	27.34	37.92	41.34	44.46	48.28	50.99
29	14.26	16.05	17.71	19.77	28.34	39.09	42.56	45.72	49.59	52.34
30	14.95	16.79	18.49	20.60	29.34	40.26	43.77	46.98	50.89	53.67
40	22.16	24.43	26.51	29.05	39.34	51.81	55.76	59.34	63.69	66.77
50	29.71	32.36	34.76	37.69	49.33	63.17	67.50	71.42	76.15	79.49
60	37.48	40.48	43.19	46.46	59.33	74.40	79.08	83.30	88.38	91.95
70	45.44	48.76	51.74	55.33	69.33	85.53	90.53	95.02	100.43	104.21
80	53.54	57.15	60.39	64.28	79.33	96.58	101.88	106.63	112.33	116.32
90	61.75	65.65	69.13	73.29	89.33	107.57	113.15	118.14	124.12	128.30
100	70.06	74.22	77.93	82.36	99.33	118.50	124.34	129.56	135.81	140.17

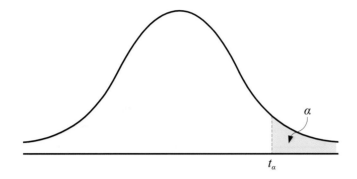

d.f.	$t_{.250}$	$t_{.100}$	$t_{.050}$	$t_{.025}$	$t_{.010}$	$t_{.005}$
1	1.000	3.078	6.314	12.706	31.821	63.657
2	0.816	1.886	2.920	4.303	6.965	9.925
3	0.745	1.638	2.353	3.182	4.541	5.841
4	0.741	1.533	2.132	2.776	3.747	4.604
5	0.727	1.476	2.015	2.571	3.365	4.032
6	0.718	1.440	1.943	2.447	3.143	3.707
7	0.711	1.415	1.895	2.365	2.998	3.499
8	0.706	1.397	1.860	2.306	2.896	3.355
9	0.703	1.383	1.833	2.262	2.821	3.250
10	0.700	1.372	1.812	2.228	2.876	3.169
11	0.697	1.363	1.796	2.201	2.718	3.106
12	0.695	1.356	1.782	2.179	2.681	3.055
13	0.694	1.350	1.771	2.160	2.650	3.012
14	0.692	1.345	1.761	2.145	2.624	2.977
15	0.691	1.341	1.753	2.131	2.602	2.947
16	0.690	1.337	1.746	2.120	2.583	2.921
17	0.689	1.333	1.740	2.110	2.567	2.898
18	0.688	1.330	1.734	2.101	2.552	2.878
19	0.688	1.328	1.729	2.093	2.539	2.861
20	0.687	1.325	1.725	2.086	2.528	2.845
21	0.686	1.323	1.721	2.080	2.518	2.831
22	0.686	1.321	1.717	2.074	2.508	2.819
23	0.685	1.319	1.714	2.069	2.500	2.807
24	0.685	1.318	1.711	2.064	2.492	2.797
25	0.684	1.316	1.708	2.060	2.485	2.787
26	0.684	1.315	1.706	2.056	2.479	2.779
27	0684	1.314	1.703	2.052	2.473	2.771
28	0.683	1.313	1.701	2.048	2.467	2.763
29	0.683	1.311	1.699	2.045	2.464	2.756
30	0.683	1.310	1.697	2.042	2.457	2.750
40	0.681	1.303	1.684	2.021	2.423	2.704
60	0.697	1.296	1.671	2.000	2.390	2.660
120	0.677	1.289	1.658	1.980	2.358	2.617
∞	0.674	1.282	1.645	1.960	2.326	2.576

d.f.	$t_{0.0025}$	$t_{0.001}$	$t_{0.0005}$	$t_{0.00025}$	$t_{0.0001}$	$t_{0.00005}$	$t_{0.000025}$	$t_{0.00001}$
1	127.321	318.309	636.919	1,273.239	3,183.099	6,366.198	12,732.395	31,380.989
2	14.089	22.327	31.598	44.705	70.700	99.950	141.416	223.603
3	7.453	10.214	12.924	16.326	22.204	28.000	35.298	47.928
4	5.598	7.173	8.610	10.306	13.034	15.544	18.522	23.332
5	4.773	5.893	6.869	7.976	9.678	11.178	12.893	15.547
6	4.317	5.208	5.959	6.788	8.025	9.082	10.261	12.032
7	4.029	4.785	5.408	6.082	7.063	7.885	8.782	10.103
8	3.833	4.501	5.041	5.618	6.442	7.120	7.851	8.907
9	3.690	4.297	4.781	5.291	6.010	6.594	7.215	8.102
10	3.581	4.144	4.587	5.049	5.694	6.211	6.757	7.527
11	3.497	4.025	4.437	4.863	5.453	5.921	6.412	7.098
12	3.428	3.930	4.318	4.716	5.263	5.694	6.143	6.756
13	3.372	3.852	4.221	4.597	5.111	5.513	5.928	6.501
14	3.326	3.787	4.140	4.499	4.985	5.363	5.753	6.287
15	3.286	3.733	4.073	4.417	4.880	5.239	5.607	6.109
16	3.252	3.686	4.015	4.346	4.791	5.134	5.484	5.960
17	3.223	3.646	3.965	4.286	4.714	5.044	5.379	5.832
18	3.197	3.610	3.922	4.233	4.648	4.966	5.288	5.722
19	3.174	3.579	3.883	4.187	4.590	4.897	5.209	5.627
20	3.153	3.552	3.850	4.146	4.539	4.837	5.139	5.543
21	3.135	3.527	3.819	4.110	4.493	4.784	5.077	5.469
22	3.119	3.505	3.792	4.077	4.452	4.736	5.022	5.402
23	3.104	3.485	3.768	4.048	4.415	4.693	4.992	5.343
24	3.090	3.467	3.745	4.021	4.382	4.654	4.927	5.290
25	3.078	3.450	3.725	3.997	4.352	4.619	4.887	5.241
26	3.067	3.435	3.707	3.974	4.324	4.587	4.850	5.197
27	3.057	3.421	3.690	3.954	4.299	4.558	4.816	5.157
28	3.047	3.408	3.674	3.935	4.275	4.530	4.784	5.120
29	3.038	3.396	3.659	3.918	4.254	4.506	4.756	5.086
30	3.030	3.385	3.646	3.902	4.234	4.482	4.729	5.054
40	2.971	3.307	3.551	3.788	4.094	4.321	4.544	4.835
60	2.915	3.232	3.460	3.681	3.962	4.169	4.370	4.631
100	2.871	3.174	3.390	3.598	3.862	4.053	4.240	4.478
∞	2.807	3.090	3.291	3.481	3.719	3.891	4.056	4.265

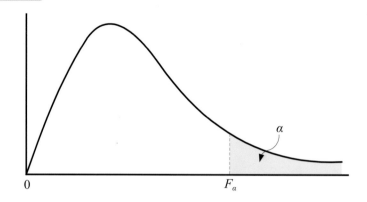

F-분포표

d.f.	1	2	3	4	5	6	7	8	9
				$\alpha = 0.01$					
1	4052.0	4999.0	5403.0	5625.0	5764.0	5859.0	5928.0	5982.0	5022.0
2	98.50	99.00	99.17	99.25	99.30	99.33	99.36	99.37	99.39
3	34.12	30.82	29.46	28.71	28.24	27.91	27.67	27.49	27.34
4	21.20	18.00	16.69	15.98	15.52	15.21	14.98	14.80	14.66
5	16.26	13.27	12.06	11.39	10.97	10.67	10.46	10.29	10.16
6	13.74	10.92	9.78	9.15	8.75	8.47	8.26	8.10	7.98
7	12.25	9.55	8.45	7.85	7.46	7.19	6.99	6.84	6.72
8	11.26	8.65	7.59	7.01	6.63	6.37	6.18	6.03	5.91
9	10.56	8.02	6.99	6.42	6.06	5.80	5.61	5.47	5.35
10	10.04	7.56	6.55	5.99	5.64	5.39	5.20	5.06	4.94
11	9.65	7.21	6.22	5.67	5.32	5.07	4.89	4.74	4.63
12	9.33	6.93	5.95	5.41	5.06	4.82	4.64	4.50	4.39
13	9.07	6.70	5.74	5.21	4.86	4.62	4.44	4.30	4.19
14	8.86	6.51	5.56	5.04	4.69	4.46	4.28	4.14	4.03
15	8.68	6.36	5.42	4.89	4.56	4.32	4.14	4.00	3.89
16	8.53	6.23	5.29	4.77	4.44	4.20	4.03	3.89	3.78
17	8.40	6.11	5.18	4.67	4.34	4.10	3.93	3.79	3.68
18	8.29	6.01	5.09	4.58	4.25	4.01	3.84	3.71	3.60
19	8.18	5.93	5.01	4.50	4.17	3.94	3.77	3.63	3.52
20	8.10	5.85	4.94	4.43	4.10	3.87	3.70	3.56	3.46
21	8.02	5.78	4.87	4.37	4.04	3.81	3.64	3.51	3.40
22	7.95	5.72	4.82	4.31	3.99	3.76	3.59	3.45	3.35
23	7.88	5.66	4.76	4.26	3.94	3.71	3.54	3.41	3.30
24	7.82	5.61	4.72	4.22	3.90	3.67	3.50	3.36	3.26
25	7.77	5.57	4.68	4.18	3.85	3.63	3.46	3.32	3.22
26	7.72	5.53	4.64	4.14	3.82	3.59	3.42	3.29	3.18
27	7.68	5.49	4.60	4.11	3.78	3.56	3.39	3.26	3.15
28	7.64	5.45	4.57	4.07	3.75	3.53	3.36	3.23	3.12
29	7.60	5.42	4.54	4.04	3.73	3.50	3.33	3.20	3.09
30	7.56	5.39	4.51	4.02	3.70	3.47	3.30	3.17	3.07
40	7.31	5.18	4.31	3.83	3.51	3.29	3.12	2.99	2.89
60	7.08	4.98	4.13	3.65	3.34	3.12	2.95	2.82	2.72
120	6.85	4.79	3.95	3.48	3.17	2.96	2.79	2.66	2.56
∞	6.63	4.61	3.78	3.32	3.02	2.80	2.64	2.51	2.41

d.f.	α=0.01								
	10	15	20	24	30	40	60	120	∞
1	6056.0	6157.0	6209.0	6235.0	6261.0	6387.0	6313.0	6339.0	6366.0
2	99.40	99.43	99.45	99.46	99.47	99.47	99.48	99.49	99.50
3	27.23	26.87	26.69	26.60	26.50	26.41	26.32	26.22	26.12
4	14.55	14.20	14.02	13.93	13.84	13.74	13.65	13.56	13.46
5	10.05	9.72	9.55	9.47	9.38	9.29	9.20	9.11	9.02
6	7.87	7.56	7.40	7.31	7.23	7.14	7.06	6.97	6.88
7	6.62	6.31	6.16	6.07	5.99	5.91	5.82	5.74	5.65
8	5.81	5.52	5.36	5.28	5.20	5.12	5.03	4.95	4.86
9	5.26	4.96	4.81	4.73	4.65	4.57	4.48	4.40	4.31
10	4.85	4.56	4.41	4.33	4.25	4.17	4.08	4.00	3.91
11	4.54	4.25	4.10	4.02	3.94	3.86	3.78	3.69	3.60
12	4.30	4.01	3.86	3.78	3.70	3.62	3.54	3.45	3.36
13	4.10	3.82	3.66	3.59	3.51	3.43	3.34	3.25	3.17
14	3.94	3.66	3.51	3.43	3.35	3.27	3.18	3.09	3.00
15	3.80	3.52	3.37	3.29	3.21	3.13	3.05	2.96	2.87
16	3.69	3.41	3.26	3.18	3.10	3.02	2.93	2.84	2.75
17	3.59	3.23	3.16	3.08	3.00	2.92	2.83	2.75	2.65
18	3.51	3.23	3.08	3.00	2.92	2.84	2.75	2.66	2.57
19	3.43	3.15	3.00	2.92	2.84	2.76	2.67	2.58	2.49
20	3.37	3.09	2.94	2.86	2.78	2.69	2.61	2.52	2.42
21	3.31	3.03	2.88	2.80	2.72	2.64	2.55	2.46	2.36
22	3.26	2.98	2.83	2.75	2.67	2.58	2.50	2.40	2.31
23	3.21	2.93	2.78	2.70	2.62	2.54	2.45	2.35	2.26
24	3.17	2.89	2.74	2.66	2.58	2.49	2.40	2.31	2.21
25	3.13	2.85	2.70	2.62	2.54	2.45	2.36	2.27	2.17
26	3.09	2.81	2.66	2.58	2.50	2.42	2.33	2.23	2.13
27	3.06	2.78	2.63	2.55	2.47	2.38	2.29	2.20	2.10
28	3.03	2.75	2.60	2.52	2.44	2.35	2.26	2.17	2.06
29	3.00	2.73	2.57	2.49	2.41	2.33	2.23	2.14	2.03
30	2.98	2.70	2.55	2.47	2.39	2.30	2.21	2.11	2.01
40	2.80	2.52	2.37	2.29	2.20	2.11	2.02	1.92	1.80
60	2.63	2.35	2.20	2.12	2.03	1.94	1.84	1.73	1.60
120	2.47	2.19	2.03	1.95	1.86	1.76	1.66	1.53	1.38
∞	2.32	2.04	1.88	1.79	1.70	1.59	1.47	1.32	1.00

d.f.	$\alpha = 0.05$								
	1	2	3	4	5	6	7	8	9
1	161.45	199.50	215.71	224.58	230.16	233.99	236.77	238.88	240.54
2	18.51	19.00	19.16	19.25	19.30	19.33	19.35	19.37	19.38
3	10.13	9.55	9.28	9.12	9.01	8.94	8.89	8.85	8.81
4	7.71	6.94	6.59	6.39	6.26	6.16	6.09	6.04	6.00
5	6.61	5.79	5.41	5.19	5.05	4.95	4.88	4.82	4.77
6	5.99	5.14	4.76	4.53	4.39	4.28	4.21	4.15	4.10
7	5.59	4.74	4.35	4.12	3.97	3.87	3.79	3.73	3.68
8	5.32	4.46	4.07	3.84	3.69	3.58	3.50	3.44	3.39
9	5.12	4.26	3.86	3.63	3.48	3.37	3.29	3.23	3.18
10	4.96	4.10	3.71	3.48	3.33	3.22	3.14	3.07	3.02
11	4.84	3.98	3.59	3.36	3.20	3.09	3.01	2.95	2.90
12	4.75	3.89	3.49	3.26	3.11	3.00	2.91	2.85	2.80
13	4.67	3.81	3.41	3.18	3.03	2.92	2.83	2.77	2.71
14	4.60	3.74	3.34	3.11	2.96	2.85	2.76	2.70	2.65
15	4.54	3.68	3.29	3.06	2.90	2.79	2.71	2.64	2.59
16	4.49	3.63	3.24	3.01	2.85	2.74	2.66	2.59	2.54
17	4.45	3.59	3.20	2.96	2.81	2.70	2.61	2.55	2.49
18	4.41	3.52	3.16	2.93	2.77	2.66	2.58	2.51	2.46
19	4.38	3.52	3.13	2.90	2.74	2.63	2.54	2.48	2.42
20	4.35	3.49	3.10	2.87	2.71	2.60	2.51	2.45	2.39
21	4.32	3.47	3.07	2.84	2.68	2.57	2.49	2.42	2.37
22	4.30	3.44	3.05	2.82	2.66	2.55	2.46	2.40	2.34
23	4.28	3.42	3.03	2.80	2.64	2.53	2.44	2.37	2.32
24	4.26	3.40	3.01	2.78	2.62	2.51	2.42	2.36	2.30
25	4.24	3.39	2.99	2.76	2.60	2.49	2.40	2.34	2.28
26	4.23	3.37	2.98	2.74	2.59	2.47	2.39	2.32	2.27
27	4.21	3.35	2.96	2.73	2.57	2.46	2.37	2.31	2.25
28	4.20	3.34	2.95	2.71	2.56	2.45	2.36	2.29	2.24
29	4.18	3.33	2.93	2.70	2.55	2.43	2.35	2.28	2.22
30	4.17	3.32	2.92	2.69	2.53	2.42	2.33	2.27	2.21
40	4.08	3.23	2.84	2.61	2.45	2.34	2.25	2.18	2.12
60	4.00	3.15	2.76	2.53	2.37	2.25	2.17	2.10	2.04
120	3.92	3.07	2.68	2.45	2.29	2.17	2.09	2.02	1.96
∞	3.84	3.00	2.60	2.37	2.21	2.10	2.01	1.94	1.88

d.f.	\alpha = 0.05								
	10	15	20	24	30	40	60	120	∞
1	241.88	245.95	248.01	249.05	250.09	251.14	252.20	253.25	254.32
2	19.40	19.43	19.45	19.45	19.46	19.47	19.48	19.49	19.50
3	8.76	8.70	8.66	8.64	8.62	8.59	8.57	8.55	8.53
4	5.96	5.86	5.80	5.77	5.75	5.72	5.69	5.66	5.63
5	4.74	4.62	4.56	4.53	4.50	4.46	4.43	4.40	4.36
6	4.06	3.94	3.87	3.84	3.81	3.77	3.74	3.70	3.67
7	3.64	3.51	3.44	3.41	3.38	3.34	3.30	3.27	3.23
8	3.35	3.22	3.15	3.12	3.08	3.04	3.01	2.97	2.93
9	3.14	3.01	2.94	2.90	2.86	2.83	2.79	2.75	2.71
10	2.98	2.84	2.77	2.74	2.70	2.66	2.62	2.58	2.54
11	2.85	2.72	2.65	2.61	2.57	2.53	2.49	2.45	2.40
12	2.75	2.62	2.54	2.51	2.47	2.43	2.38	2.34	2.30
13	2.67	2.53	2.46	2.42	2.38	2.34	2.30	2.25	2.21
14	2.60	2.46	2.39	2.35	2.31	2.27	2.22	2.18	2.13
15	2.54	2.40	2.33	2.29	2.25	2.20	2.16	2.11	2.07
16	2.49	2.35	2.28	2.24	2.19	2.15	2.11	2.06	2.01
17	2.45	2.31	2.23	2.19	2.15	2.10	2.06	2.01	1.96
18	2.41	2.27	2.19	2.15	2.11	2.06	2.02	1.97	1.92
19	2.38	2.23	2.16	2.11	2.07	2.03	1.98	1.93	1.88
20	2.35	2.20	2.12	2.08	2.04	1.99	1.95	1.90	1.84
21	2.32	2.18	2.10	2.05	2.01	1.96	1.92	1.87	1.81
22	2.30	2.15	2.07	2.03	1.98	1.94	1.89	1.84	1.78
23	2.27	2.13	2.05	2.00	1.96	1.91	1.86	1.81	1.76
24	2.25	2.11	2.03	1.98	1.94	1.89	1.84	1.79	1.73
25	2.24	2.09	2.01	1.96	1.92	1.87	1.82	1.77	1.71
26	2.22	2.07	1.99	1.95	1.90	1.85	1.80	1.75	1.69
27	2.20	2.06	1.97	1.93	1.88	1.84	1.79	1.73	1.67
28	2.19	2.04	1.96	1.91	1.87	1.82	1.77	1.71	1.65
29	2.18	2.03	1.94	1.90	1.85	1.81	1.75	1.70	1.64
30	2.16	2.01	1.93	1.89	1.84	1.79	1.74	1.68	1.62
40	2.08	1.92	1.84	1.79	1.74	1.69	1.64	1.58	1.51
60	1.99	1.84	1.75	1.70	1.65	1.59	1.53	1.47	1.39
120	1.91	1.75	1.66	1.61	1.55	1.50	1.43	1.35	1.25
∞	1.83	1.67	1.57	1.52	1.46	1.39	1.31	1.22	1.00

					$\alpha = 0.10$				
d.f.	1	2	3	4	5	6	7	8	9
1	39.86	49.50	53.59	55.83	57.24	58.20	58.91	59.44	59.86
2	8.53	9.00	9.16	9.24	9.26	9.33	9.35	9.37	9.38
3	5.54	5.46	5.39	5.34	5.31	5.28	5.27	5.25	5.24
4	4.54	5.32	4.19	4.11	4.05	4.01	3.98	3.95	3.94
5	4.06	3.78	3.62	3.52	3.45	3.40	3.37	3.34	3.32
6	3.78	3.46	3.29	3.18	3.11	3.05	3.01	2.98	2.96
7	3.59	3.26	3.07	2.96	2.88	2.83	2.78	2.75	2.72
8	3.46	3.11	2.92	2.81	2.73	2.67	2.62	2.59	2.56
9	3.36	3.01	2.81	2.69	2.61	2.55	2.51	2.47	2.44
10	3.28	2.92	2.73	2.61	2.52	2.46	2.41	2.38	2.35
11	3.23	2.86	2.66	2.54	2.45	2.39	2.34	2.30	2.27
12	3.13	2.81	2.61	2.48	2.39	2.33	2.28	2.24	2.21
13	3.14	2.76	2.56	2.43	2.35	2.28	2.23	2.20	2.16
14	3.10	2.73	2.52	2.39	2.31	2.24	2.19	2.15	2.12
15	3.07	2.70	2.49	2.36	2.27	2.21	2.16	2.12	2.09
16	3.05	2.67	2.46	2.33	2.24	2.18	2.13	2.09	2.06
17	3.03	2.64	2.44	2.31	2.22	2.15	2.10	2.06	2.03
18	3.01	2.62	2.42	2.29	2.20	2.13	2.08	2.04	2.00
19	2.99	2.61	2.40	2.27	2.18	2.11	2.06	2.02	1.98
20	2.97	2.59	2.38	2.25	2.16	2.09	2.04	2.00	1.96
21	2.96	2.57	2.36	2.23	2.14	2.08	2.02	1.98	1.95
22	2.95	2.56	2.35	2.22	2.13	2.06	2.01	1.97	1.93
23	2.94	2.55	2.34	2.21	2.11	2.05	1.99	1.95	1.92
24	2.93	2.54	2.33	2.19	2.10	2.04	1.98	1.94	1.91
25	2.92	2.53	2.32	2.18	2.09	2.02	1.97	1.93	1.89
26	2.91	2.52	2.31	2.17	2.08	2.01	1.96	1.92	1.88
27	2.90	2.51	2.30	2.17	2.07	2.00	1.95	1.91	1.87
28	2.89	2.50	2.29	2.16	2.06	2.00	1.94	1.90	1.87
29	2.89	2.50	2.28	2.15	2.06	1.99	1.93	1.89	1.86
30	2.88	2.49	2.28	2.14	2.05	1.98	1.93	1.88	1.85
40	2.84	2.44	2.23	2.09	2.00	1.93	1.87	1.83	1.79
60	2.79	2.39	2.18	2.04	1.95	1.87	1.82	1.77	1.74
120	2.75	2.35	2.13	1.99	1.90	1.82	1.77	1.72	1.68
∞	2.71	2.30	2.08	1.94	1.85	1.77	1.72	1.67	1.63

d.f.	10	12	15	20	24	30	40	60	120	∞
					$\alpha = 0.10$					
1	60.20	60.71	61.22	61.74	62.00	62.26	62.53	62.79	63.06	63.83
2	9.39	9.41	9.42	9.44	9.45	9.46	9.47	9.47	9.48	9.49
3	5.23	5.22	5.20	5.18	5.18	5.17	5.16	5.15	5.14	5.13
4	3.92	3.90	3.87	3.84	3.83	3.82	3.80	3.79	3.78	3.76
5	3.30	3.27	3.24	3.21	3.19	3.17	3.16	3.14	3.12	3.10
6	2.94	2.90	2.87	2.84	2.82	2.80	2.78	2.70	2.74	2.72
7	2.70	2.67	2.63	2.59	2.58	2.56	2.54	2.51	2.49	2.47
8	2.54	2.50	2.46	2.42	2.40	2.38	2.36	2.34	2.32	2.29
9	2.42	2.38	2.34	2.30	2.28	2.25	2.23	2.21	2.18	2.16
10	2.32	2.28	2.24	2.20	2.18	2.16	2.13	2.11	2.08	2.06
11	2.25	2.21	2.17	2.12	2.10	2.08	2.05	2.03	2.00	1.97
12	2.19	2.15	2.10	2.06	2.04	2.01	1.99	1.96	1.93	1.90
13	2.14	2.10	2.05	2.01	1.98	1.96	1.93	1.90	1.88	1.85
14	2.10	2.05	2.01	1.96	1.94	1.91	1.89	1.86	1.83	1.80
15	2.06	2.02	1.97	1.92	1.90	1.87	1.85	1.82	1.79	1.76
16	2.03	1.99	1.94	1.89	1.87	1.84	1.81	1.78	1.75	1.72
17	2.00	1.96	1.91	1.86	1.84	1.81	1.78	1.75	1.72	1.69
18	1.98	1.93	1.89	1.84	1.81	1.78	1.75	1.72	1.69	1.66
19	1.96	1.91	1.86	1.81	1.79	1.76	1.73	1.70	1.67	1.63
20	1.94	1.89	1.84	1.79	1.77	1.74	1.71	1.68	1.64	1.61
21	1.92	1.88	1.83	1.78	1.75	1.72	1.69	1.66	1.62	1.59
22	1.90	1.86	1.81	1.76	1.73	1.70	1.67	1.64	1.60	1.57
23	1.89	1.84	1.80	1.74	1.72	1.69	1.66	1.62	1.59	1.55
24	1.88	1.83	1.78	1.73	1.70	1.67	1.64	1.61	1.57	1.53
25	1.87	1.82	1.77	1.72	1.69	1.66	1.63	1.59	1.56	1.52
26	1.86	1.81	1.76	1.71	1.68	1.65	1.61	1.58	1.54	1.50
27	1.85	1.80	1.75	1.70	1.67	1.64	1.60	1.57	1.53	1.49
28	1.84	1.79	1.74	1.69	1.66	1.63	1.59	1.56	1.52	1.48
29	1.83	1.78	1.73	1.68	1.65	1.62	1.58	1.55	1.51	1.47
30	1.82	1.77	1.72	1.67	1.64	1.61	1.57	1.54	1.50	1.49
40	1.76	1.71	1.66	1.61	1.57	1.54	1.51	1.47	1.42	1.38
60	1.71	1.66	1.60	1.54	1.51	1.48	1.44	1.40	1.35	1.29
120	1.65	1.60	1.54	1.48	1.45	1.41	1.37	1.32	1.26	1.19
∞	1.60	1.55	1.49	1.42	1.38	1.34	1.30	1.24	1.17	1.00

찾아보기

IBM SPSS Statistics

Package 구성

Premium

IBM SPSS Statistics를 이용하여 할 수 있는 모든 분석을 지원하고 Amos가 포함된 패키지입니다. 데이터 준비부터 분석, 전개까지 분석의 전 과정을 수행할 수 있으며 기초통계분석에서 고급분석으로 심층적이고 정교화된 분석을 수행할 수 있습니다.

Professional

Standard의 기능과 더불어 예측분석과 관련한 고급통계분석을 지원합니다. 또한 시계열 분석과 의사결정나무모형분석을 통하여 예측과 분류의 의사 결정에 필요한 정보를 위한 분석을 지원합니다.

Standard

SPSS Statistics의 기본 패키지로 기술통계, T-Test, ANOVA, 요인 분석 등 기본적인 통계분석 외에 고급회귀분석과 다변량분석, 고급 선형모형분석 등 필수통계분석을 지원합니다.

소프트웨어 구매 문의

SPSS Korea㈜데이타솔루션 소프트웨어사업부

대표전화:02.3404.5790 이메일:sales@spss.co.kr
홈페이지:http://www.spss.co.kr

SPSS Korea
데이타솔루션